Poverty Alleviation

中国减贫的世界贡献

in China

张占斌　杜庆昊◎著

and

Its Global

Contribution

C1S 湖南人民出版社
PUBLISHING & MEDIA

目录

〔第三章〕 减贫思路贡献：

中国脱贫攻坚具有清晰思路

第一章

减贫成就贡献：中国脱贫攻坚取得巨大成就

中华人民共和国成立以来，中国共产党和中国政府高度重视减贫扶贫，出台实施了一系列中长期扶贫规划，从救济式扶贫到开发式扶贫再到精准扶贫，探索出一条符合中国国情的农村扶贫开发道路，为全面建成小康社会奠定了坚实基础。特别是中共十八大以来，以习近平同志为核心的党中央把扶贫开发工作纳入"五位一体"总体布局和"四个全面"战略布局，全面打响了脱贫攻坚战，农村贫困人口大幅减少，区域性整体减贫成效明显，脱贫攻坚取得历史性重大成就，为全球减贫事业作出了重要贡献。

新中国成立以来扶贫减贫发展回顾

中华人民共和国成立以来，中国共产党领导中国人民自力更生、艰苦奋斗，为解决贫困问题付出了艰辛努力。历届中国共产党的领导人都对加强贫困治理、改善人民生活、实现共同富裕作过深刻思考和系统阐述，并创造性地将马克思主义的反贫困理论与中国革命、建设、改革的具体实际相结合，逐步探索出一条适合中国国情的中国特色社会主义扶贫开发道路，形成了中国化的马克思主义扶贫减贫理论体系。新中国成立以来扶贫减贫事业发展历程，大体可以分为五个阶段。

扶贫治理探索阶段（1949—1978）。中华人民共和国成立前，中国是世界上人类发展水平最低的国家之一。中华人民共和国成立后，以毛泽东同志为核心的第一代中央领导集体在广泛调查研究中国国情的基础上，提出实现"共同富裕"理念，并积极探索农业合作化和工业现代化的扶贫治理道路。1955年，毛泽东在《关于农业合作化问题》中指出，"全国大多数农民，

为了摆脱贫困，改善生活，为了抵御灾荒，只有联合起来，向社会主义大道前进，才能达到目的"①；并阐述了实现共同富裕的初步设想，即"逐步地实现社会主义工业化和逐步地实现对于手工业、对于资本主义工商业的社会主义改造的同时……实行合作化，在农村中消灭富农经济制度和个体经济制度，使全体农村人民共同富裕起来"②。毛泽东关于"共同富裕"的思想不仅成为改革开放后我们坚持和发展中国特色社会主义的指导思想，也始终是中国解决贫困问题的宗旨目标。

在扶贫减贫实践层面，中国政府把反贫困作为巩固和发展社会主义制度的前提，通过建立计划经济体制、实施土地制度改革、抓住苏联同意全面援助的机遇优先发展工业，并通过改善教育、医疗条件等措施，极大地解放了生产力，促进了国民经济的恢复发展，使人民群众的生活水平、受教育状况和医疗健康状况较新中国成立前有明显改善。1949—1978 年，中国的小学、中学和高等院校在校学生分别增长了 6 倍、62 倍和 7 倍，婴儿死亡率下降至 1949 年的 1/10，天花、鼠疫、霍乱等恶性传染病被消灭或基本消灭，人均预期寿命由 35 岁提高到 67 岁。

然而，基于改革开放前中国贫困人口基数大、农村自然条件恶劣、自然灾害和流行病频发等客观条件，再加上当时综合国力有限、科技水平和生产力水平较低、对产生贫困因素的复

① 《建国以来毛泽东文稿》（第五册），中央文献出版社 1991 年版，第 246 页。
② 《建国以来毛泽东文稿》（第五册），中央文献出版社 1991 年版，第 255 页。

杂程度缺乏系统分析、对消除贫困的有效办法缺乏有力经济支撑等因素，中国只能建立起"救急不救穷"的扶贫方式，很难提高贫困人口的自我发展能力，因此 1978 年时中国的贫困发生率仍然处于一个较高的水平。

扶贫治理形成阶段（1978—1985）。1978 年底，中共十一届三中全会开启了中国改革开放的新征程。以邓小平同志为核心的第二代中央领导集体在继承毛泽东坚持共同富裕的扶贫战略目标基础上，立足中国将长期处于社会主义初级阶段这一最大实际，提出"解放和发展生产力"和"实现共同富裕"的治理思路，实现了扶贫手段和目标的统一，为中国扶贫减贫事业指明了方向。邓小平指出："我们的国家很穷，很困难，任何时候不要忽略这个问题。"[①]"社会主义的本质，是解放生产力，发展生产力，消灭剥削，消除两极分化，最终达到共同富裕。"[②]"在经济政策上，我认为要允许一部分地区、一部分企业、一部分工人农民，由于辛勤努力成绩大而收入先多一些，生活先好起来……这样，就会使整个国民经济不断地波浪式地向前发展，使全国各族人民都能比较快地富裕起来。"[③]可见，邓小平关于实现共同富裕的路径更加清晰，既不要求大家"齐步走"，也不鼓励"大锅饭"，而是通过诚实劳动，先富带动后富，逐步走向共同富裕。

---

① 《邓小平文选》（第一卷），人民出版社 1994 年版，第 268 页。
② 《邓小平文选》（第三卷），人民出版社 1993 年版，第 373 页。
③ 《邓小平文选》（第二卷），人民出版社 1994 年版，第 152 页。

这一时期，中国实施了一系列制度变革，包括在计划经济体制中加大市场调节的成分，在农村集体经济基础上实行家庭联产承包制和土地承包制，在公有制和按劳分配为主体的前提下发展个体、私营经济，吸引国外间接或直接投资等，都极大地推动了中国经济的快速发展，也使减贫事业收到显著成效。与此同时，党和政府开始专门就贫困帮扶、对口支援等作出制度安排，一方面，在计划经济体制下，通过政治动员和政策引导，促进物质、技术以及人员向贫困地区进行流动；另一方面，通过城乡互助，对民族地区、偏远地区进行帮扶支援，体现社会主义制度的优越性。1979 年党中央正式提出对口支援制度，1980 年国家设立"支援经济不发达地区发展资金"，1984 年中共中央、国务院发布《关于帮助贫困地区尽快改变面貌的通知》，这些政策措施的出台标志着中国扶贫工作进入正规化的起步阶段。在此期间，中国农村贫困人口平均每年减少 1786 万人，没有解决温饱的贫困人口从 1978 年末的 2.5 亿人减少到 1985 年末的 1.25 亿人（以当时的农村贫困标准衡量）[1]。占农村人口比例由 1978 年的 30% 下降到 1985 年的 15%。

扶贫治理发展阶段（1986—2000）。20 世纪 80 年代后期，随着市场经济体制的逐步建立和城市化进程的加快，农村改革减贫的边际效应开始下降。面对新形势，以江泽民同志为核心

---

[1]　指按 1984 年价格确定的每人每年 200 元的贫困标准，是较低水平的生存标准。

的第三代中央领导集体以"三个代表"重要思想指导扶贫开发工作，并把消除贫困作为建设小康社会的重要内容。江泽民强调："全党同志和各级领导干部要关心扶贫，过问扶贫，把扶贫作为关心群众疾苦和密切党群关系的一件大事来抓。处处关心群众，事事依靠群众，一切为了群众，诚心诚意为群众谋福利，是我们党的根本宗旨。"① "在整个改革开放和现代化建设的过程中，都要努力使工人、农民、知识分子和其他群众共同享受到经济社会发展的成果。"② 此外，1986 年上半年国务院扶贫开发领导小组的成立和 1994 年《国家八七扶贫攻坚计划（1994—2000 年）》的颁布标志着中国扶贫减贫事业开启了政府主导、社会参与、区域协作的新模式，进入了以贫困地区经济开发和贫困人口能力开发为主要内容的开发式扶贫新阶段。

在此期间，中国还先后制定了国家贫困县的标准和一整套针对农村和偏远地区的扶贫措施，明确了 10 个东西部地区开展对口帮扶的省份，加强了贫困地区的动态跟踪监测，更加强调通过计划手段和市场机制的双重作用来促进贫困地区的经济发展。这些措施极大地弥补了因农村经济增速放缓而导致贫困人口减少速度放缓的不足，使全国的农村贫困人口继续保持稳定减少的态势。超过 2 亿的农村贫困人口解决了温饱问题，贫困人口占农村总人口的比重从 1985 年的 15% 降为 2000 年的

① 《江泽民论社会主义市场经济》，中央文献出版社 2002 年版，第 114 页。
② 《江泽民文选》（第二卷），人民出版社 2006 年版，第 262 页。

3% 左右，"国家八七扶贫攻坚计划"顺利完成，中共中央、国务院确定的在 20 世纪末基本解决农村贫困人口温饱问题的战略目标如期实现。这一伟大壮举充分说明，坚持全心全意为人民服务的宗旨，发挥扶贫开发举国体制的优越性，紧紧依靠全国各族人民的共同努力，是中国取得世界减贫史上前所未有的了不起成就的根本保障。

扶贫治理深化阶段（2001—2012）。进入 21 世纪后，以胡锦涛同志为总书记的党中央坚持以科学发展观为指导，将扶贫开发工作纳入全面建设小康社会和国家深入实施西部大开发战略的总体工作中来部署推动。胡锦涛指出："要着力解决人民群众最关心、最直接、最现实的利益问题，完善社会保障体系，加强扶贫开发工作，使人民群众不断得到实实在在的利益，使各阶级群众特别是城乡困难群众都感受到社会主义大家庭的温暖。"① "坚持统筹城乡发展，坚持扶贫开发与推进城镇化、建设社会主义新农村相结合，与生态环境保护相结合，促进经济社会发展与人口资源环境相协调。"② 可见，这一阶段党的扶贫指导思想主要体现在以下方面：坚持以人为本的理念，突出贫困人口在扶贫开发过程中的主体地位；构建社会主义和谐社会，对扶贫的本质和内涵赋予了新的要求；大力推进社会主义新农村建设，探索出扶贫开发与乡村建设相结合的新路径。

---

① 《十六大以来重要文献选编》（下），中央文献出版社 2008 年版，第 559 页。
② 胡锦涛：《在中央扶贫开发工作会议上发表重要讲话》，《人民日报》2011 年 11 月 30 日。

经过 21 世纪前 10 年的努力，中国扶贫减贫成效从解决温饱为主要任务的阶段转入巩固温饱成果、提高发展能力、加快脱贫致富、保护生态环境、缩小发展差距的新阶段。在此期间，中国的扶贫治理体系和治理能力也发生了重大变化，实现扶贫开发与农村最低生活保障制度的有效衔接，实施"整村推进"的扶贫开发项目，全面取消农业税，实行多种农业补贴，加强农村基础设施建设，不断增加对贫困地区的财政转移支付和专项扶贫资金。特别是在西部大开发战略的背景下，西部地区农村贫困人口大幅度减少，重点县农民收入较快增长，社会事业和县域经济得到较快发展。数据显示，西部地区低收入线以下贫困人口从 2001 年的 5535.3 万人减少到 2008 年的 2648.8 万人，贫困发生率从 19.8% 下降到 9.3%，比全国同期快了 4.5 个百分点。西部重点县农民人均纯收入从 2001 年的 1197.6 元增加到 2008 年的 2482.4 元，增长 107.3%，比全国重点县的增长幅度高 2.9 个百分点。[①]

　　扶贫治理成熟阶段（2013 年至今）。中共十八大以来，以习近平同志为核心的党中央历史性地提出到 2020 年消除绝对贫困的奋斗目标，并将扶贫减贫事业放到治国理政的重要位置，明确把扶贫开发纳入"五位一体"总体布局和"四个全面"战略布局进行决策部署，扶贫治理日趋成熟。2013 年 11 月，习

---

① 资料来源：国务院扶贫开发领导小组办公室统计数据。

近平总书记到湖南省湘西土家族苗族自治州考察扶贫开发工作时第一次提出"精准扶贫"概念，他指出："扶贫要实事求是，因地制宜。要精准扶贫，切忌喊口号，也不要定好高骛远的目标。"[①] 此后，习近平总书记每次到基层调研时，都把扶贫减贫作为重要内容，不断丰富发展精准扶贫的内涵要义，先后提出精细化管理、精确化配置、精准化扶持，扶贫对象精准、项目安排精准、资金使用精准、措施到户精准、因村派人精准、脱贫成效精准，通过扶持生产和就业发展一批、通过异地搬迁安置一批、通过生态保护脱贫一批、通过教育扶贫脱贫一批、通

---

① 何毅亭：《以习近平同志为核心的党中央治国理政新理念新思想新战略》，人民出版社 2017 年版，第 103 页。

过低保政策兜底一批等重要思想。在中共十九大报告中，习近平总书记郑重指出："要动员全党全国全社会力量，坚持精准扶贫、精准脱贫，坚持中央统筹省负总责市县抓落实的工作机制，强化党政一把手负总责的责任制，坚持大扶贫格局，注重扶贫同扶志、扶智相结合，深入实施东西部扶贫协作，重点攻克深度贫困地区脱贫任务，确保到二〇二〇年我国现行标准下农村贫困人口实现脱贫，贫困县全部摘帽，解决区域性整体贫困，做到脱真贫、真脱贫。"[①] 以上论述充分表明，精准扶贫思想不仅明确了新时代脱贫攻坚的基本方略、工作机制、重点任务和总体目标，而且为打赢脱贫攻坚战提供了行动指南和根本遵循。

中共十八大以来，中国扶贫治理体系不断创新完善，精准扶贫理论不断丰富发展，贫困治理能力逐步提高，实现了从"大水漫灌式"的全面扶贫到"滴灌式"的精准扶贫转变。中共中央、国务院作出打赢脱贫攻坚战的决定并出台配套文件，中央和国家机关各部门出台 100 多个政策文件或实施方案，内容涉及产业扶贫、易地扶贫搬迁、劳务输出扶贫、教育扶贫、健康扶贫、金融扶贫等。2013—2019 年，中国累计减少贫困人口9348 万，连续 7 年贫困人口的人均收入增幅高于全国农民人均收入增幅，贫困发生率大大降低，贫困地区基础设施条件也得到极大的改善。

---

① 《党的十九大报告辅导读本》，人民出版社 2017 年版，第 47 页。

第二节

中国减贫取得历史性重大成就

　　消除贫困、改善民生，逐步实现共同富裕是社会主义的本质要求。打赢脱贫攻坚战是中国共产党对人民的庄严承诺。中共十八大以来，以习近平同志为核心的党中央高度重视扶贫开发工作，把脱贫攻坚摆到治国理政的突出位置，提出一系列新思想新观点，作出一系列新决策新部署，全面打响脱贫攻坚战。中国采取超常规举措，以前所未有的力度推进脱贫攻坚，农村贫困人口显著减少，贫困发生率持续下降，解决区域性整体贫困迈出坚实步伐，贫困地区农民生产生活条件显著改善，贫苦群众获得感显著增强，脱贫攻坚取得决定性进展，创造了中国减贫史上的最好成绩，谱写了人类反贫困历史新篇章，中国扶贫开发也进入新的历史阶段。

　　农村贫困人口大幅度减少，脱贫攻坚目标任务接近完成。中华人民共和国成立时，国家一穷二白，人民生活处于极端贫困状态。社会主义基本制度的确立，以及农村基础设施的建设、农业技术的推广、农村合作医疗体系的建立等为减缓贫困奠定了基础。改革开放以后，农村率先进行了经济制度改革，实行了家庭联产承包经营责任制，生产力得到极大解放，农民收入大幅提高，农民温饱问题逐步得以解决。以当时的农村贫困标准衡量，中国农村贫困人口从 1978 年末的 2.5 亿人减少到 1985 年末的 1.25 亿人；农村贫困发生率从 1978 年末的 30.7% 下降到 1985 年末的 14.8%。若以现行农村贫困标准[①]衡量，农村贫困人口从 1978 年末的 7.7 亿人减少到 1985 年末的 6.6 亿人，农村贫困发生率从 1978 年末的 97.5% 下降到 1985 年末的 78.3%。

20 世纪 80 年代中期开始，中国针对区域发展不均衡问题，确立以贫困地区为重点，实施有计划有针对性的扶贫开发政策，先后实施了"八七扶贫攻坚计划"和两个为期 10 年的"中国农村扶贫开发纲要"，农村贫困程度进一步减轻，贫困人口继续大幅减少。以现行农村贫困标准衡量，2012 年末中国农村贫困人口 9899 万人，比 1985 年末减少 5.6 亿多人，下降了 85.0%；农村贫困发生率下降到 10.2%，比 1985 年末下降了 68.1 个百分点。

中共十八大以来，中国实施精准扶贫精准脱贫，全面打响了脱贫攻坚战，扶贫工作取得了决定性进展。按现行农村贫困标准，2013—2019 年中国农村减贫人数分别为 1650 万人

---

① 指按 2010 年价格确定的每人每年 2300 元的贫困标准，是与小康社会相适应的稳定温饱标准。

1232 万人、1442 万人、1240 万人、1289 万人、1386 万人、1109 万人，每年减贫人数均保持在 1000 万以上。7 年来，农村已累计减贫 9348 万人，年均减贫 1335 万人，农村贫困发生率也从 2012 年末的 10.2% 下降到 2019 年末的 0.6%。截至 2020 年 2 月，全国 832 个贫困县中已有 601 个宣布摘帽，179 个正在进行退出检查，未摘帽县还有 52 个，整体贫困基本得到解决。

　　区域扶贫力度持续加大，整体减贫成效明显。新中国成立以来，各地区社会经济不断发展，民生逐步改善。受自然、历史等诸多因素影响，中国贫困具有区域性特征，中西部地区整体性贫困相对突出。20 世纪 80 年代中期，中国聚焦贫困区域，实施减贫战略。中共十八大以来，中共中央、国务院加大对贫困地区尤其是深度贫困地区政策力度，推进东西部地区协作扶贫，区域性整体减贫成效明显。

从东中西地区 [①] 看，东部地区已基本率先脱贫，中西部地区农村贫困人口明显减少。从国家统计局最新公布的分区域统计数据看，2018 年末，东部地区农村贫困人口 147 万人，比 2012 年末减少 1220 万人，6 年累计下降 89.2%，2019 年又减少了 100 万人；农村贫困发生率由 2012 年末的 3.9% 下降到 2018 年末的 0.4%，累计下降 3.5 个百分点，已基本率先实现脱贫。中部地区农村贫困人口由 2012 年末的 3446 万人减少到 2018 年末的 597 万人，累计减少 2849 万人，下降幅度为 82.7%，2019 年又减少了 416 万人；农村贫困发生率由 2012 年末的 10.5% 下降到 2018 年末的 1.8%，累计下降 8.7 个百分点。西部地区农村贫困人口由 2012 年末的 5086 万人减少到 2018 年末的 916 万人，累计减少 4170 万人，下降幅度为 82.0%，2019 年又减少 593 万人；农村贫困发生率由 2012 年末的 17.6% 下降到 2018 年末的 3.2%，累计下降 14.4 个百分点。

从贫困区域看，贫困地区、集中连片特困地区、国家扶贫开发工作重点县、民族八省区减贫成效明显。国家统计局公布数据显示，2018 年末，贫困地区 [②] 农村贫困人口 1115 万人，

----

① 东部地区：包括北京、天津、河北、辽宁、上海、江苏、浙江、福建、山东、广东、海南 11 个省（市）。中部地区：包括山西、吉林、黑龙江、安徽、江西、河南、湖南、湖北 8 个省份。西部地区：包括内蒙古、广西、重庆、四川、贵州、云南、西藏、陕西、甘肃、青海、宁夏、新疆 12 个省（区、市）。
② 贫困地区，包括集中连片特困地区和片区外的国家扶贫开发工作重点县，共 832 个县。2017 年将享受片区政策的新疆阿克苏地区 1 市 6 县也纳入了贫困监测范围。下同。

比 2012 年末减少了 4924 万人，6 年累计减少 81.5%，减贫规模占全国农村减贫总规模的 59.8%；农村贫困发生率从 2012 年末的 23.2% 下降至 2018 年末的 4.2%，6 年累计下降 19.0 个百分点，年均下降 3.2 个百分点。集中连片特困地区①农村贫困人口 935 万人，比 2012 年末减少 4132 万人，6 年累计减少 81.5%；农村贫困发生率从 2012 年末的 24.4% 下降至 2018 年末的 4.5%，累计下降 19.9 个百分点，年均下降 3.3 个百分点。592 个国家扶贫开发工作重点县农村贫困人口 915 万人，比 2012 年末减少 4190 万人，6 年累计减少 82.1%；农村贫困发生率从 2012 年末的 24.4% 下降到 2018 年末的 4.3%，累计下降 20.1 个百分点，年均下降 3.4 个百分点。民族八省区②农村贫困人口 602 万人，比 2012 年末减少 2519 万人，6 年累计减少 80.7%；农村贫困发生率从 2012 年末的 21.1% 下降至 2018 年末的 4.0%，累计下降 17.1 个百分点，年均下降 2.8 个百分点。

国家统计局数据显示，2019 年各省贫困发生率普遍下降至 2.2% 及以下。其中，贫困发生率在 1%~2.2% 的省份有 7 个，包括广西、贵州、云南、西藏、甘肃、青海、新疆；贫困发生率在 0.5%~1% 的省份有 7 个，包括山西、吉林、河南、湖南、

---

① 2011 年，按照集中连片、突出重点、全国统筹、区划完整的原则，在全国共划出 11 个连片特困地区，加上已经实施特殊扶贫政策的西藏、四省藏区、新疆南疆三地州，共 14 个片区 680 个县。2016 年起，新疆阿克苏地区 1 市 6 县享受片区政策。

② 民族八省区包括内蒙古、广西、贵州、云南、西藏、青海、宁夏、新疆等八个省区。

四川、陕西、宁夏。

贫困地区农村居民收入保持快速增长，消费水平大幅提高。新中国成立初期，农村居民生活困苦，收入消费水平低下。改革开放以来，农村居民收入消费进入快速增长期，2012 年全国农村居民人均收入和消费水平分别比 1978 年实际增长了 11.5 倍和 9.3 倍。中共十八大以来，农村居民收入消费继续保持较快增长，尤其是贫困地区农村居民收入消费实现快速增长，与全国农村平均水平差距缩小，贫困人口发展能力持续提升。

贫困地区农村居民收入实现快速增长。2018 年，贫困地区农村居民人均可支配收入 10371 元，是 2012 年的 1.99 倍，年均增长 12.1%，扣除价格因素，年均实际增长 10.0%，比全国农村平均增速高 2.3 个百分点。其中，集中连片特困地区 2018 年农村居民人均可支配收入 10260 元，扣除价格因素，实际水平达到 2012 年的 1.77 倍，年均实际增长 10.0%，比全国农村平均增速高 2.3 个百分点。2019 年贫困地区农村居民人均可支配收入 11567 元，扣除价格因素影响，实际增长 8.0%，实际增速比全国农村高 1.8 个百分点。扶贫开发工作重点县 2018 年农村居民人均可支配收入 10284 元，扣除价格因素，实际水平是 2012 年的 1.81 倍，年均实际增长 10.4%，比全国农村平均增速高 2.7 个百分点。2019 年，国家扶贫开发工作重点县农村居民人均可支配收入 11524 元，增长 12.1%。2018 年贫困地区农村居民人均可支配收入是全国农村平均水平的 71.0%，比 2012 年提高了 8.8 个百分点，与全国农村平均水平的差距进一步缩小。

贫困地区农村居民消费水平不断提升。国家统计局公布的数据显示，2018 年贫困地区农村居民人均消费支出 8956 元，与 2012 年相比，年均增长 11.4%，扣除价格因素，年均实际增长 9.3%。其中，集中连片特困地区农村居民人均消费支出 8854 元，年均增长 11.3%，扣除价格因素，年均实际增长 9.3%；扶贫开发工作重点县农村居民人均消费支出 8935 元，年均增长 11.6%，扣除价格因素，年均实际增长 9.5%。2018 年贫困地区农村居民人均消费支出是全国农村平均水平的 73.9%，比 2012 年提高了 3.4 个百分点。

贫困地区生活环境明显改善，生活质量全面提高。新中国是在战争的废墟和极度贫苦的环境中建立的。多年来，中国共产党和中国政府始终致力于农村基础设施建设和农村公共服务改善。中共十八大以来，各级政府继续加大对农村尤其是贫困地区建设和投入力度，贫困地区农村居民生活条件和生活环境明显改善，享有的公共服务水平不断提高，生活质量得到全面提升。

贫困地区农村居民生活条件不断改善。从居住条件看，2018 年贫困地区居住在钢筋混凝土房或砖混材料房的农户比重为 67.4%，比 2012 年提高 28.2 个百分点；居住在竹草土坯房的农户比重为 1.9%，比 2012 年下降了 5.9 个百分点；使用卫生厕所的农户比重为 46.1%，比 2012 年提高 20.4 个百分点；饮水无困难的农户比重为 93.6%，比 2013 年提高 12.6 个百分点。从家庭耐用消费品情况看，贫困地区农村居民家庭耐用消费品从无到有，产品升级换代。2018 年贫困地区农村每百户拥有电冰箱、洗衣机、彩色电视机等传统耐用消费品分别为 87.1 台、86.9 台和 106.6 台，分别比 2012 年增加 39.6 台、34.6 台和 8.3 台，拥有量持续增加，和全国农村平均水平的差距逐渐缩小；每百户拥有汽车、计算机等现代耐用消费品分别为 19.9 辆、17.1 台，分别是 2012 年的 7.4 倍和 3.2 倍，实现快速增长。

贫困地区基础设施条件不断改善。截至 2018 年末，贫困地区通电的自然村接近全覆盖；通电话、通有线电视信号、通宽带的自然村比重分别达到 99.2%、88.1%、81.9%，比 2012 年分别提高 5.9 个、19.1 个、43.6 个百分点。2018 年，贫困地区村内主干道路面经过硬化处理的自然村比重为 82.6%，比 2013 年提高 22.7 个百分点；通客运班车的自然村比重为 54.7%，比 2013 年提高 15.9 个百分点。

贫困地区公共服务水平不断提高。2018 年，贫困地区 87.1% 的农户所在自然村上幼儿园便利，89.8% 的农户所在自然村上小学便利，分别比 2013 年提高 15.7 个和 10.0 个百分点；有文化活动室的行政村比重为 90.7%，比 2012 年提高 16.2 个百分点；贫困地区农村拥有合法行医证医生或卫生员的行政村比重为 92.4%，比 2012 年提高 9.0 个百分点；93.2% 的农户所在自然村有卫生站，比 2013 年提高 8.8 个百分点；78.9% 的农户所在自然村垃圾能集中处理，比 2013 年提高 49.0 个百分点。

构筑了全社会扶贫强大合力，建立了中国特色扶贫攻坚制度体系。中国坚持政府投入的主体和主导作用，深入推进东西部扶贫协作、党政机关定点扶贫、军队和武警部队扶贫、社会力量参与扶贫。中共十八大以来，中央财政专项扶贫资金和省级财政专项扶贫资金年均增长均超过 20%。东西部扶贫协作，342 个东部经济较发达县结对帮扶 570 个西部贫困县，促进了西部地区脱贫攻坚和区域协调发展。定点扶贫畅通了党政机关特别是中央和国家机关了解农村和贫困地区的渠道，推进了作风转变和干部培养。社会各界广泛参与扶贫，中央企业开展贫困革命老区"百县万村"帮扶行动，民营企业开展"万企帮万村"精准扶贫行动。到 2017 年底，全国有 4.62 万家民营企业帮扶 5.12 万个村，投资 527 亿元实施产业扶贫项目，投资 109 亿元开展公益帮扶，带动和惠及 620 多万建档立卡贫困人口。在四川凉山，中国光彩事业促进会组织 500 多名知名民营企业家参加精准扶贫行动，促成合作项目 149 个，合同金额 2037 亿元，向凉山州捐赠公益资金 4000 多万元。这些活动既有力推动了贫困村和贫困群众脱贫致富，又弘扬了中华民族扶贫济困的优良传统。

中国还加强了党对脱贫攻坚工作的全面领导，建立各负其责、各司其职的责任体系，精准识别、精准脱贫的工作体系，上下联动、统一协调的政策体系，保障资金、强化人力的投入体系，因地制宜、因村因户因人施策的帮扶体系，广泛参与、合力攻坚的社会动员体系，多渠道全方位的监督体系和最严格的考核评估体系，为脱贫攻坚提供了有力制度保障。这个制度体系中，根本的是中央统筹、省负总责、市县抓落实的管理体制，从中央到地方逐级签订责任书，明确目标，增强责任，强化落实。这些制度成果，为全球减贫事业贡献了"中国智慧"和"中国方案"。

第三节

中国减贫巨大成就的价值体现

2020 年如期打赢脱贫攻坚战，在中华民族几千年历史发展上将首次整体消除绝对贫困现象。这是一项对中华民族具有重大意义的伟业。新中国成立以来，特别是中共十八大以来，前所未有的大规模、高强度集中投入，促进了贫困地区农村基础条件的明显改善和公共服务水平的明显提升，变化之快、变化之大前所未有。消除贫困不仅让中华大地亿万人民群众彻底摆脱了贫穷的枷锁，更成为中国特色社会主义道路自信、理论自信、制度自信、文化自信的生动写照。

消除贫困是中国济贫传统的时代新内涵，是更全面、更高层次、更可持续的扶贫行动。中华文化历来具有扶贫济困、乐善好施、助人为乐的优良传统。先秦时期，中国就提出了"夫施与贫困者，此世之所谓仁义"。后期在儒家文化影响下，形成了仁爱、民本、兼爱、大同等思想，个体、邻里、宗族、机构与政府各个主体开展各种形式的济贫行为。近代以来，以孙中山为代表的爱国人士提出了民生和救助的社会思想，倡导建立以政府为主导的社会救助制度，开创了近代中国社会救助制度的雏形。中国共产党的宗旨是全心全意为人民服务。为中国人民谋幸福，为中华民族谋复兴，是中国共产党人的初心和使命。1956年建立社会主义制度，从制度上保障人与人的平等关系，为反贫困奠定了制度基础。1978年改革开放之后，一系列农村体制改革措施解放了农村劳动生产力，为扶贫奠定了物质基础，农村经济发展，农民生活实现温饱，但农村城市的差距依然很大，扶贫任务任重而道远。1986年，中国政府开始在全国范围实施有计划、有组织、大规模的农村扶贫开发。1994年，中共中央、国务院颁布《国家八七扶贫攻坚计划（1994—2000年）》，扶贫开发作为国家战略继续深入推进。中共十八大以来，中国特色社会主义进入新时代，新的历史情境也为解决贫困问题提供了新条件，提出了新挑战。以习近平同志为核心的党中央把扶贫开发放在了治国理政的突出位置，开创性地作出了打赢脱贫攻坚战的重大战略决策，赋予消除贫困新的时代内涵。

消除贫困是全面建成小康社会的要求，是体现平衡普惠协调发展的经典实践。经济发展的目的是造福人民，提升发展的公平性、有效性、协同性。改革开放以来，中国全国居民人均可支配收入由171元增加到3万元，中等收入群体持续扩大。贫困人口累计减少7.5亿人，贫困发生率下降96.9个百分点，谱写了人类反贫困史上的辉煌篇章。教育事业全面发展，九年义务教育巩固率达到 95%。中国建成了包括养老、医疗、低保、住房在内的世界最大的社会保障体系，基本养老保险覆盖超过 9 亿人，医疗保险覆盖超过 13 亿人。[1] 常住人口城镇化率达到 60.6%，上升 42.68 个百分点。居民预期寿命由 1981 年的 67.8 岁提高到 2019 年的 77 岁。中国社会大局保持长期稳定，成为世界上最有安全感的国家之一。贫困地区主要分布在中西部的农村，先富裕的地区帮助落后地区，带动贫困地区走向共同富裕之路。工业反哺农业，城市支持农村，推进城乡要素平等交换合理配置，促进农民增收、农业发展和乡村振兴。

消除贫困是社会主义制度的本质要求，是中国共产党的历史使命。扶贫开发不仅促进了贫困地区的经济社会发展，缓解了农村贫困状况，优化了国民经济结构，而且对于民族团结、政治稳定、边疆巩固、社会和谐也发挥了重要作用。消除贫困、改善民生、逐步实现共同富裕，是社会主义的本质要求，是中国共产党的重要使命。全面建成小康社会，是中国共产党对中国人民的庄严承诺。邓小平指出："贫穷不是社会主义，社会主义要消灭贫穷。不发展生产力，不提高人民的生活水平，不能说是符合社会主义要求的。"[2] 中共十八大以来，以

---

① 习近平：《习近平在庆祝改革开放 40 周年大会上的讲话》，《人民日报》2018 年 12 月 19 日。
② 《邓小平文选》（第三卷），人民出版社 1993 年版，第 116 页。

习近平同志为核心的党中央把扶贫开发作为实现第一个百年奋斗目标的重要任务，全面打响了脱贫攻坚战。确保到 2020 年农村贫困人口全部脱贫，这将在中国历史上第一次消除绝对贫困，体现了中国共产党的价值追求，彰显了中国特色社会主义制度的优势。

中国减贫为世界减贫作出卓越贡献

贫困是人类社会的顽疾，是世界各国经济社会发展过程中面临的共同挑战。中国在 2005 年将贫困人口减半，提前 10 年完成联合国千年发展目标任务，且计划在 2020 年消除绝对贫困，比实现联合国 2030 年可持续发展目标又提前了 10 年。根据世界银行统计，全球范围内，每 100 人脱贫，就有 70 多人来自中国。中国国务委员、外交部部长王毅在首届"南南人权论坛"开幕式上发言指出："中国解决了 13 亿多人的温饱，减少了 8 亿多贫困人口，为 7.7 亿人提供了就业，建成世界最大规模的教育体系、最大规模的社保体系、最大规模的基层民主选举体系。"[1] 联合国粮农组织总干事达席尔瓦在《中国成功减贫给世界的启示》一文中也高度评价中国脱贫攻坚的重要意义，说中国的努力是使全球饥饿人口减少的最大因素。

中国减贫速度明显快于全球。世界银行发布数据显示，按照

---

[1] 王毅：《促进全球人权事业发展，构建人类命运共同体——在首届"南南人权论坛"开幕式上的致辞》，《北京周报》（英文版）2018 年第 22 期。

每人每天 1.9 美元的国际贫困标准，从 1981 年末到 2015 年末，中国贫困发生率累计下降了 87.6 个百分点，年均下降 2.6 个百分点，同期全球贫困发生率累计下降 32.2 个百分点，年均下降 0.9 个百分点，中国减贫速度明显快于全球，贫困发生率也大大低于全球。

为全球减贫提供了中国智慧和中国方案。新中国成立以来，中国以政府为主导的有计划有组织的扶贫开发，尤其是中共十八大以来精准脱贫方略的实施，取得了举世瞩目的成就，也为全球减贫提供了中国方案和中国经验。贫困问题的核心是发展和发展成果如何分配问题。纵观国际减贫历程，从联合国、世界银行等国际机构到英、美、日等发达国家开展全球贫困治理，从千年发展目标到 2030 可持续发展目标，如何消除贫困实现可持续发展依旧没有找到解决方案。撒哈拉以南非洲贫困人口不但没有减少反而增加，全球贫富差距日益扩大。反观中国，从解决温饱、摆脱贫困到脱贫攻坚，提出了一系列治理理念，进行了一系列实践。改革开放以来，中国政府把扶贫开发作为国家发展目标，列入国家发展规划，明确扶贫开发方向，完善扶贫开发战略和政策体系，逐步创造了中国特色的反贫困机制和模式。中国扶贫的理论和实践表明，有了良好的政治愿景、科学的扶贫战略、适宜的政策措施，实现整体脱贫是完全可能的。埃及前外交部部长助理西夏姆·宰迈表示，中国减贫经验为发展中国家提供有益借鉴，更在共建"一带一路"过程中为沿线国家提供切实可行的共同发展方案。中国方案对非洲实现消除贫困和饥饿的目标具有重要作用。^① 另外，当今非洲仍然有将近 10 亿的贫困人口。习近平在中非合作论坛北京峰会发表主旨演讲强调要"携手打造新时代更加紧密的中非命运共同体"^②，表明中非在减贫领域的深度合作，必将成为南南合作的成功典范，显示了中国作为负责任的大国与世界各国分享扶贫开发经验的大国胸怀。

为世界减贫贡献中国力量。中国在实现自身减贫的同时也努力帮助其他发展中国家减贫。2019 年 11 月 27 日，中国外交部发言人表示："作为世界第二大经济体，中国对全球 GDP 增量的贡献率已连续 10 年高达 34%。70 年来，中国共向 166 个国家和国际组织提供近 4000 亿元人民币援助，为 120 多个发展中国家提供了力所能及的帮助。共建'一带一路'倡议提出 6 年来，获得了国际社会的高度认同和积极响应，取得了一大批早期收获，已经成为当今世界最受欢迎的公共产品和规模最大的经济合作平台。"

进一步推动了人权事业的发展。"习近平总书记继承和发展马克思主义反贫困理论中将人民群众作为创造主体的思想，在总结中国开发式扶贫经验教训的基础上，提出了一系列关于激发内生动力、实施扶贫与扶志扶智相结合的思想，是对马克思

---

① 《"中国减贫经验为发展中国家提供有益借鉴"——国际人士积极评价中国脱贫攻坚和持续改善民生》，《人民日报》2019 年 3 月 10 日。
② 《中非合作论坛北京峰会隆重开幕 习近平主席出席开幕式并发表主旨讲话》，《人民日报》2018 年 9 月 4 日。

主义关于反贫困必须坚持人的主体地位思想的深化和印证。"[①]
社会主义走过了 500 年的历程，经历了从空想到科学、从理论
到现实的发展。中国实现贫困人口整体脱贫，是中国共产党和
中国政府推进中国人民人权事业发展的重大举措。这一举措充
分表明了中国共产党在保障人民生存权和发展权方面的伟大成
果，是对世界人权事业的重大贡献。中国政府着力不断缩减贫
困地区规模，不断改善贫困人口生活状况，基本消除农村贫困，
必将对整个人类社会消除贫穷作出历史性贡献。

消除贫困体现出中国承担国际责任的良好形象。当今世界仍有
7 亿多人生活在极端贫困线以下，全球减贫工作任重道远。中
国扶贫开发事业既是中国政府的职责也是全世界反贫困事业的
重要组成部分。中国绝对贫困人口数量和占世界贫困人口总量
比重大幅度"双下降"，推动了全球减贫事业发展。中共十九
大提出"促进人的全面发展，实现共同富裕"，在一国范围内，
就是整体消除绝对贫困，让全体中国人共享发展的成果；在全
球范围，就是共建一个没有贫困的人类命运共同体，建设持久
和平、普遍安全、共同繁荣、开放包容、清洁美丽的世界。中
国秉承和平合作、开放包容、互学互鉴、互利共赢的精神，坚
持共商、共建、共享的原则，以丝绸之路经济带和 21 世纪海
上丝绸之路为依托，支持发展中国家增强自身发展能力，为国

---

① 刘永富：《脱贫攻坚的科学指引和行动指南》，《求是》2018 年第 16 期。

际减贫事业提供支持。德国科隆经济研究所经济学家鲁舍表示，在已经取得巨大成就的基础上，中国仍在坚持脱贫攻坚，并在国际减贫领域发挥越来越大的作用。通过"一带一路"倡议，沿线国家的人民生活水平得到了改善，也让更多国家的脱贫工作变得更容易开展。

第二章

减贫战略贡献：中国脱贫攻坚注重战略擘画

　　中华人民共和国成立以来，中国经济社会建设取得了巨大成就，中国脱贫减贫事业也取得了骄人的成绩，中国特色社会主义进入新时代。新时代中国脱贫攻坚面临的新情况，区域性贫困、深度贫困等问题成为影响中国能否打赢新时代脱贫攻坚战、能否如期全面建成小康社会的主要障碍。为了彻底消灭贫穷，以习近平同志为核心的党中央提出到2020年全面建成小康社会的战略目标，并将脱贫攻坚战略作为全面建成小康社会的关键之举，将脱贫攻坚战作为全面建成小康社会三大攻坚战之一，将脱贫攻坚工作纳入全面建成小康社会总体布局。可以说，中国共产党和中国政府从战略层面把脱贫攻坚工作纳入经济社会发展总体战略布局加以推进和解决，实际上是将党领导的反贫困事业提升到更高的境界，是中国共产党为世界减贫工作所做的重要贡献。

第一节

脱贫攻坚与中国共产党的立党宗旨紧密相连

　　中国共产党的宗旨是全心全意为人民服务。中国共产党自成立以来，就始终把人民放在革命、建设和改革的首位，把实现好、维护好、发展好人民利益作为奋斗目标。中国共产党的宗旨在脱贫攻坚领域的重要体现，就是党发挥统筹全局、协调各方的核心作用，带领全体人民过上美好幸福的生活。

　　脱贫攻坚是中国共产党为人民服务宗旨的具体体现。《中国共产党章程》明确规定："中国共产党党员必须全心全意为人民服务，不惜牺牲个人的一切，为实现共产主义奋斗终身。"带领全体人民实现共同富裕，让人民过上幸福安康的生活，是中国共产党的一贯主张，也是体现中国共产党宗旨的重要表现。中国共产党一心一意为了人民，全心全意服务人民这一宗旨不仅体现在党的行动表述上，更体现在党的治国理政的行动实践中。中华人民共和国成立之初，毛泽东曾经深刻指出："现在我们实行这么一种制度，这么一种计划，是可以一年一年走向更富强的，一年一年可以看到更富更强些。而这个富，是共同的富，这个强，是共同的强。"①改革开放初期，邓小平提出的"大力发展生产力""两个大局""缩小贫富差距"等重要思想，都是围绕着如何建设社会主义、大力发展生产力展开的，其目的就是让人民尽快过上幸福安康的生活。中共十八大以来，以习近平同志为核心的党中央围绕全面建成小康社会中脱贫攻坚战等重大战略部署，立足于人民生活水平的不断提高，立足于人民的政治生活不断完善，立足于人民的生存环境不断改善，立足于人民的精神文化不断充实，立足于人民的社会生活更加和谐，全方位推进各项政策和措施，将中国共产党"为人民服务"宗旨进一步深化、完善和提升。

脱贫攻坚是落实中国共产党"以人民为中心"执政理念的具体体现。中国共产党的成长、发展，须臾离不开人民的支持。坚持"以人民为中心"是中国共产党生存的根基，是中国共产党在治国理政过程中画出"最大同心圆"、算出"最大公约数"的思想保障。改革开放以来，从邓小平提出"发展才是硬道理"，到江泽民提出"发展是党执政兴国的第一要务"，到胡锦涛"科学发展观"，到习近平"发展是解决中国所有问题的关键，也是中国共产党执政兴国的第一要务"和"新发展理念"，都充分体现了中国共产党坚持实事求是，坚持发展依靠人民、发展

---

① 《毛泽东文集》（第六卷），人民出版社1996年版，第495页。

为了人民的执政理念，充分反映出中国共产党实现 2020 年现行标准下农村人口全部脱贫、贫困县全部摘帽的坚定信心和庄严承诺，充分展现了伟大的马克思主义政党的勇气和魄力。"以人民为中心"不仅是中国共产党的立党之本，更是中国共产党制定和执行政策的思想源泉。坚持"以人民为中心"、打赢脱贫攻坚战，依然要发挥人民群众自力更生、艰苦奋斗的精神，在"精准脱贫"政策的引导帮助下，不断激发贫困人口脱贫的内生动力，实现真脱贫、脱真贫。坚持"以人民为中心"、打赢脱贫攻坚战，要尊重人民的首创精神，把人民在实现脱贫实践中创造出来的好办法，提升到制度化和法律化层面，从而更

★ **金句选读**

得民心者得天下。从政治上说，我们党领导人民开展了大规模的反贫困工作，巩固了我们党的执政基础，巩固了中国特色社会主义制度。在国际风云激烈变幻的过程中，我们党和我国社会主义制度岿然不动，就是因为我们党的路线方针政策给亿万人民带来了好处。"民为邦本，未有本摇而枝叶不动者。""天下之治乱，不在一姓之兴亡，而在万民之忧乐。"我们共产党人必须有这样的情怀。中国共产党在中国执政就是要为民造福，而只有做到为民造福，我们党的执政基础才能坚如磐石。

——习近平：《在中央扶贫开发工作会议上的讲话》（2015年 11 月 27 日），《十八大以来重要文献选编》（下），中央文献出版社 2018 年版，第 31—32 页

好地推进脱贫攻坚任务的完成。

脱贫攻坚对巩固中国共产党的执政基础具有重要意义。人民群众永远是中国共产党最坚实的执政基础。中国共产党与人民群众的血肉联系，不仅体现在革命、建设和改革的伟大实践当中，而且体现在习近平新时代中国特色社会主义思想当中。习近平扶贫思想起始于梁家河村插队时期，那时他开始对中国农村的贫困和农民的疾苦产生最深刻的认识；在宁德地委工作期间，他开始探索和实践摆脱贫困问题，提出了"弱鸟先飞""闽东的振兴在于'林'""加强脱贫第一线的核心力量"的重要思想；在福建省委工作期间，他建立"闽东模式"；在浙江省委工作期间，他组织"百乡扶贫攻坚计划"和"欠发达乡镇奔小康工程"。中共十八大以来，习近平总书记把扶贫工作、脱贫攻坚工作作为治国理政的重大战略来抓，提出了科学扶贫、精准扶贫等一系列重要论断，从党的领导、科学方法、战略步骤、制度保障全方位布局，为打赢脱贫攻坚战、实现全面建成小康社会注入了强大的思想动力。随着中国共产党将脱贫攻坚作为治国理政的重要内容深入推进落实，人民对中国共产党的拥护更加坚定，强化了党执政的思想基础和制度保障。在脱贫攻坚的奋斗中，中国共产党充分发挥党的政治优势，增强"四个意识"、坚定"四个自信"、做到"两个维护"，充分调动各级党委统揽全局、协调各方的核心作用，把脱贫攻坚的成绩作为考察和选用干部的重要标准，逐步形成了"五级书记①抓扶贫、全党动员促攻坚"的良好局面。中国农村贫困人口大幅度减少，人民生活水平有效提高，贫困发生率逐年降低，脱贫攻坚的主体、制度、体系、措施以及考核等方面的成绩逐渐显现，人民对全面建成小康社会的期望更加强烈、信心更加坚定。

① 五级书记：省、市（州）、县、乡（镇）、村五级书记。

第二节

脱贫攻坚与实现社会主义共同富裕目标紧密相连

"社会主义最大的优越性就是共同富裕，这是体现社会主义本质的一个东西。"[①] 在解放和发展生产力、实现人民当家作主的基础上，不断消除两极分化产生的政治、经济根源，才能够真正实现共同富裕。社会主义以公有制为基础，以实现"生产力高度发达"的共产主义为奋斗目标。社会主义从诞生之日起，就把实现人民大众的共同富裕作为自己的价值目标。中国特色社会主义的伟大实践，特别是减贫事业取得的巨大成就足以证明：只有社会主义才能救中国，只有社会主义才能发展中国。

只有社会主义才能真正实现共同富裕的价值目标。2000 多年前孔子的"不患寡而患不均"思想成为中国传统历史上追求"平等""均平"思想的重要政治思想渊源。历代的农民起义大都以推翻封建君主的残暴统治为起因，但由于受到历史条件和农

---

①　《邓小平文选》（第三卷），人民出版社 1993 年版，第 364 页。

★ **金句选读**

　　发展为了人民，这是马克思主义政治经济学的根本立场。马克思、恩格斯指出："无产阶级的运动是绝大多数人的、为绝大多数人谋利益的独立的运动"，在未来社会"生产将以所有的人富裕为目的"。邓小平同志指出，社会主义的本质，是解放生产力，发展生产力，消灭剥削，消除两极分化，最终达到共同富裕。党的十八届五中全会鲜明提出要坚持以人民为中心的发展思想，把增进人民福祉、促进人的全面发展、朝着共同富裕方向稳步前进作为经济发展的出发点和落脚点。这一点，我们任何时候都不能忘记，部署经济工作、制定经济政策、推动经济发展都要牢牢坚持这个根本立场。

　　——习近平：《不断开拓当代中国马克思主义政治经济学新境界》（2015 年 11 月 23 日），《十八大以来重要文献选编》（下），中央文献出版社 2018 年版，第 4 页

民阶级本身的局限，农民阶级反抗阶级压迫、追求"均平"的斗争最终成为空想。19 世纪末 20 世纪初，以康有为为代表的爱国救亡人士的"大同""小康"思想和实践，勾画出理想状态中的"乌托邦"社会，但由于资产阶级的软弱及封建势力的强大，宣告失败。孙中山提出的民族、民权、民生为内容的"三民主义"，把"世界大同"作为奋斗的目标，推翻了封建专制统治。但由于民族资产阶级的"先天不足"，孙中山的"三民主义"最终也没能实现真正的"天下为公"。在西方社会中，资产阶级把追求"自由""平等"作为自身的价值理念，并在

资本主义自身调节的基础上实现了经济发展。但这种表面"繁荣"最终以贫富差距不断拉大的形式呈现在世人面前。资本主义社会大部分的财富积累都集中到少数人手上，普通大众并没有感受到更多的"共享"福祉。此外，空想社会主义者倡导"消灭阶级、建设和谐完美"的社会，也同样受到自身知识的局限及当时历史条件的限制，最终以失败告终。直到马克思、恩格斯创立科学社会主义，社会主义才实现了从空想到实践的伟大飞跃。"过去的一切运动都是少数人的，或者为少数人谋利益的运动。无产阶级的运动是绝大多数人的，为绝大多数人谋利益的独立的运动。"①

脱贫攻坚是实现社会主义社会共同富裕目标的基本前提。社会主义社会的共同富裕是物质生活和精神生活的共同富裕。社会主义想要实现共同富裕，打赢脱贫攻坚战是其重要内容和基本前提。发展生产力是社会主义的根本任务，同时生产力的发展不是共同富裕的全部，在生产力发展的基础上实现人民精神生活的丰富才能更好体现共同富裕的目标。贫困是阻碍生产力发展的重要原因，而脱贫则是生产力发展的重要契机。社会主义与资本主义的根本区别在于生产资料的所有制，社会主义社会强调生产资料公有制，这是保证实现脱贫攻坚和共同富裕的基本前提。中华人民共和国成立后，毛泽东多次在不同场合强调

---

① 《马克思恩格斯选集》（第一卷），人民出版社 2012 年版，第 411 页。

"共同富裕"的重要性，并在生产力和生产关系、社会主义计划经济等领域进行了思考和实践，充分体现出社会主义制度与共同富裕的紧密联系。中共十一届三中全会以来，中国社会实现了"拨乱反正"，结束了长期"以阶级斗争为纲"的路线，把经济建设作为党和国家事业的中心工作。邓小平指出："我们坚持走社会主义道路，根本目标是实现共同富裕，然而平均发展是不可能的。过去搞平均主义，吃'大锅饭'，实际上是共同落后，共同贫穷，我们就是吃了这个亏。"[①]进入 21 世纪以来，人民对于生活水平和质量的要求逐渐提高。在历史发展的关键时期，江泽民强调兼顾效率与公平，在社会主义现代化建设的每一个阶段都必须让广大人民群众共享改革发展的成果；胡锦涛适时提出科学发展观的论断，提出在注重公平的前提下，加强社会保障建设，让全体人民共享经济发展带来的福祉，指引人民向共同富裕的目标前进；习近平新时代中国特色社会主义思想始终坚持"以人民为中心"的执政理念，将脱贫攻坚作为决胜全面建成小康社会的三大攻坚战之一，更加凸显出中国共产党坚定不移带领人民消除贫困的决心和信心。

*脱贫攻坚彰显中国特色社会主义制度的优越性。*中国共产党的领导是中国特色社会主义制度的最大优势。脱贫攻坚彰显中国特色社会主义制度优越性主要体现在以下几个方面：首先，社

---

① 《邓小平文选》（第三卷），人民出版社 1993 年版，第 155 页。

会主义制度本身就代表着生产力发展方向，中国特色社会主义制度更是遵循了生产关系适应生产力发展的基本规律，遵循了人类社会历史发展规律。脱贫攻坚重点在经济领域的攻坚，脱贫本身就是促进生产力发展的重要举措。其次，人民代表大会制度是维护好实现好发展好人民根本利益的根本制度保障。中国共产党的宗旨就是全心全意为人民服务，彰显了共产党人的使命意识、责任意识和担当意识。脱贫攻坚是中国共产党带领人民实现建成小康社会的重大战略举措，是中国共产党在新时代历史条件下"以人民为中心"执政理念的重要体现。再次，中国特色社会主义制度具有强大的自我完善、自我修正、自我提升的能力。中国特色社会主义制度的优越性之一就是集中力量办大事，能够充分发挥党统筹全局、协调四方的核心作用。脱贫攻坚事业是事关改革开放稳定大局、事关巩固党的执政基础、事关人民福祉的重大战略任务，其复杂性和艰巨性要求充分发挥社会主义制度整合四方、妥善处理复杂关系的强大优势。最后，从国际环境来看，在世界经济下滑、贸易保护主义抬头的大背景下，中国不仅社会稳定、经济平稳增长，成为世界经济发展的重要动力，而且在脱贫攻坚领域的"中国智慧""中国方案""中国魅力""中国故事"持续不断涌现，这些都是中国特色社会主义制度优越性的重要表现。

第三节

脱贫攻坚与实现全面建成 小康社会目标紧密相连

小康社会的重要标准是全体人民生活富裕，幸福感、获得感不断提升。脱贫攻坚战要充分调动全社会的扶贫力量，激发贫困群众的内生动力，从根本上消除贫困产生的根源。全面建成小康社会不仅需要强劲的经济发展动力，更需要人民生活的和谐安康和稳定。

脱贫攻坚让小康社会的目标更加明确。小康社会的目标并不是单纯经济领域的目标，而是经济、社会、政治、文化及生态等领域全方位发展的目标。改革开放以来，小康社会的内涵不断丰富，目标逐渐清晰。当前，重点地区、重点人群的贫困问题既是全面建成小康社会的重要阻碍，更是全面建成小康社会的重要动力。1984 年，邓小平提出所谓小康，就是到本世纪末，国民生产总值人均 800 美元。[①] 进入 21 世纪，中国共产

---

① 《邓小平文选》（第三卷），人民出版社 1993 年版，第 64 页。

党和中国政府提出了加快社会主义现代化建设、促进经济平稳健康发展的诸多举措。中共十六大报告指出："我们要在本世纪头二十年，集中力量，全面建设惠及十几亿人口的更高水平的小康社会，使经济更加发展、民主更加健全、科教更加进步、文化更加繁荣、社会更加和谐、人民生活更加殷实。"中共十七大提出"实现人均国内生产总值到 2020 年比 2000 年翻两番"的目标，这是在中共十六大确立的全面建设小康社会目标的基础上对中国发展提出的新的更高要求。中共十八大根据中国特色社会主义"五位一体"总体布局，将全面建设小康社会改为全面建成小康社会，为小康社会的建成设立了时间表、布置了任务图。全面建成小康社会的提出，是着眼于全体人民共同富裕、着眼于"小康路上一个也不能少"的政治宣言。正如 2012 年习近平总书记在河北省阜平县考察扶贫开发工作时的讲话指出的："全面建成小康社会，最艰巨最繁重的任务在农村，特别是在贫困地区。没有农村的小康，特别是没有贫困地区的小康，就没有全面建成小康社会。"[1]中共十九大从坚持和发展中国特色社会主义的全局出发，对打赢脱贫攻坚战、助力全面建成小康社会提出了更加高远的战略部署，为全面建成小康社会描绘了更加清晰的前景。

脱贫攻坚是全面建成小康社会的关键之举。全面建成小康社

---

[1] 《习近平谈治国理政》，外文出版社 2014 年版，第 189 页。

会的关键标志就是全体人民的生活水平达到小康标准。脱贫是当前最大的民生问题，脱贫攻坚战是最大的民心工程。脱贫攻坚的难点和重点主要体现在深度贫困地区和深度贫困人群的脱贫攻坚任务中。深度贫困地区自然条件差、经济基础弱、贫困程度深，深度贫困地区的深度贫困人群则更是脱贫攻坚中的硬骨头。补齐这些短板是脱贫攻坚决战决胜的关键。脱贫攻坚不仅要实现贫困人口生活脱贫，也要思想脱贫、智力脱贫。贫困人口的脱贫能力提上来了，脱贫攻坚的任务就会更快、更好地完成。小康不小康，关键看老乡，关键在连片贫困地区的老乡能否脱贫。打赢脱贫攻坚战、带领全体人民实现幸福安康的生活是中国共产党和中国政府义不容辞的责任。全面建成小康社会的出发点和落脚点，就是要抓住人民最关心最直接最现实的利益问题，就是要想群众之所想、急群众之所急、解群众之所困。总之，在实现脱贫攻坚任务的基础上，只有人民群众满意和认可的小康社会才是在真正意义上全面实现小康社会。

脱贫攻坚是全面建成小康社会的重要动力。 贫困是经济发展的压力，脱贫攻坚则是经济发展的重要动力。科学合理的制度是打赢脱贫攻坚战的基础，制度的有效制定和稳步推进是推进脱贫攻坚工作的关键动力源。如今，关于脱贫攻坚的"四梁八柱"已经形成。中共中央办公厅、国务院办公厅2013年12月印发《关于创新机制扎实推进农村扶贫开发工作的意见》，强调要以改革创新为动力，着力消除体制机制障碍，增强内生

动力和发展活力，加大扶贫力度，集中力量解决突出问题，加快贫困群众脱贫致富、贫困地区全面建成小康社会步伐。2014年5月，国务院扶贫开发领导小组办公室、中央农办等7部门联合印发《建立精准扶贫工作机制实施方案》，提出实现扶贫到村到户的目标，要求在扶贫工作中实行精准识别、精准帮扶、精准管理和精准考核。2015年11月，中共中央、国务院作出《关于打赢脱贫攻坚战的决定》，明确提出到2020年要解决区域性整体贫困问题，实现现行标准下的农村贫困人口全部脱贫。2016年11月，国务院组织编制《"十三五"脱贫攻坚规划》，强调要以社会主义政治制度为根本保障，不断创新体制机制，充分发挥政府、市场和社会协同作用，充分调动贫困地区干部群众的内生动力，大力推进实施一批脱贫攻坚工程，加快破解贫困地区区域发展瓶颈制约，不断增强贫困地区和贫困人口自我发展能力，确保与全国同步进入全面小康社会。大力推进精准施策，开展作风专项治理，扶贫与扶志扶智相结合、激发内生脱贫动力，完善督查巡查和考核评估机制，深入推进东西部扶贫协作和定点扶贫等任务，都是中国脱贫攻坚工作有序推进的重要动力。

第四节

脱贫攻坚与实现
"两个一百年"奋斗目标紧密相连

在中国共产党成立一百周年的时候，中国将全面建成小康社会；在中华人民共和国成立一百周年的时候，中国将全面建成富强民主文明和谐美丽的社会主义现代化强国。"两个一百年"奋斗目标展示了中华民族伟大复兴的战略步骤、历史任务和实践方向。脱贫攻坚、精准脱贫，是实现第一个百年目标的关键一步，更是为实现第二个百年目标夯实基础的重大战略。

坚持脱贫攻坚是第一个百年目标实现的基本前提。只有如期实现第一个百年奋斗目标，才能为实现中华民族伟大复兴的中国梦奠定坚实基础。全面建成小康社会的实现，离不开经济的持续发展。人民的认可和经得起历史的检验，是全面建成小康社会的两条标准。人民对现实社会发展的诉求，为第一个百年目标的实现提供强大内生动力。现阶段，人民日益增长的美好生活需要和不平衡不充分的发展之间的矛盾成为中国社会主要矛盾，这充分说明中国经济发展不平衡的现实问题，特别是东西部、城市和农村等区域发展差距问题，严重阻碍中国生产力布局和资源有效配置。中国诸多西部边远地区，长期以来受到地理条件的限制，经济发展滞后，人民生活水平得不到有效提高。中共十九大提出的乡村振兴战略，就是推动贫困地区经济发展、促进区域经济协调发展、缩小地区经济发展差异的重大举措。脱贫攻坚的实现离不开社会安定团结稳定的大局，如果不重视贫困人口贫困地区的脱贫任务，不能逐步消除贫困，一个国家就很难实现长期稳定的社会环境。如果没有稳定的社会发展环境，就很难全身心地投入经济建设发展当中，全面建成小康社会的征程就会受到阻碍。因此，加快民族地区、边疆地区、革命老区和成片的特困集中区的经济发展步伐，不仅是一个经济发展问题，更是治国安邦的大事。夺取脱贫攻坚的胜利，是全面建成小康社会的重要支撑，是决定中国能否成功实现第一个百年目标的基本前提。

坚持脱贫攻坚为"两个一百年"目标实现打下坚实基础。只有持续奋斗、迎难而上，才能如期建成得到人民认可、经得起历史检验的全面小康社会，顺利开启第二个百年目标的伟大事业。脱贫攻坚所取得的成就，彰显了中国的政治优势和制度优势。全面建成富强民主文明和谐美丽的社会主义现代化强国，实现中华民族伟大复兴的中国梦，是中国人民的伟大夙愿，是彰显中国国家实力和国际地位的重要标志。在第一个百年目标实现的基础上，第二个百年目标必将有序衔接。中国特色社会主义已经进入新时代，中国在新时代面临的基本问题，依然是怎样让国家更加强大、让人民过上更加幸福美满的生活。让全体人民共享改革发展成果，实现共同富裕，是中国共产党对人民的庄严承诺。中国将在 2020 年取得重大成就——全面建成小康社会，并将在向第二个百年目标奋进的征程中兑现承诺——基本实现全体人民共同富裕。中国共产党坚定打赢脱贫攻坚战，坚持走中国特色社会主义道路，实现"两个一百年"的目标，就是要让全体人民永远摆脱贫穷落后的状况。只有让全体人民更加富裕，才会有全体人民更加坚定中国特色社会主义的道路自信、理论自信、制度自信和文化自信的坚实基础，才能不断夯实中华民族实现"两个一百年"目标的群众基础、政治基础、思想基础和经济基础。

第五节

脱贫攻坚既注重解决
深度贫困又注重解决相对贫困

中国脱贫攻坚之所以能够在较短的时间内取得巨大成功，与其因时而变、因势而动，结合中国经济社会发展情况和减贫实际，不断调整、发展和完善贫困治理体系密切相关。中共十八大以来，以习近平同志为核心的党中央作出打赢脱贫攻坚战重要战略部署，提出了一系列新战略、新思想、新理论、新对策，构建了新时期减贫治理体系。中共十九大以来，中共中央既强调坚持"集中兵力"打好脱贫困攻坚战，如期全面完成脱贫攻坚任务，又提出"建立解决相对贫困的长效机制"，未雨绸缪地吹响了解决相对贫困的号角，不断深化对脱贫攻坚工作的战略认识，不断增强对脱贫攻坚工作的战略指导，不断调整对脱贫攻坚工作的战略部署。

提出解决相对贫困问题。 为确保打赢脱贫攻坚战，根据中共中央决策部署和脱贫攻坚形势变化、工作进展情况，中国扶贫工作实现从注重全面推进帮扶向更加注重深度贫困地区

攻坚转变，从注重减贫速度向更加注重脱贫质量转变，从注重找准帮扶对象向更加注重精准帮扶稳定脱贫转变，从注重外部帮扶向注重外部帮扶与激发内生动力并重转变，从开发式扶贫为主向开发式与保障性扶贫并重转变。[①]中国清醒地认识到，即使 2020 年全面完成脱贫攻坚任务，消灭现行标准下绝对贫困问题，中国长期处于社会主义初级阶段的基本国情仍没有变，中国还会有较多的低收入人口。在国家统计局公布的 2017 年农村人均可支配收入五等份分组中，最低收入组（收入最低的 20% 人口）的平均年收入为 3301.9 元，仅比该年贫困线高出不到 10%，一旦经济社会整体或局部有波动，这部分群体很容易陷入绝对贫困。另外，2005 年农村高收入组（收入最高的 20% 人口）的平均收入是最低收入组的 7.2 倍，2017 年拉大到 9.5 倍，农村收入差距进一步拉大。解决收入差距过大、提高低收入者收入水平、有效解决农村相对贫困问题，成为下一阶段减贫治理的主要任务之一。

深度贫困与相对贫困的基本区分。贫困本身是程度的概念，不同角度的理解是有差异的。从认知的差异性看，贫困是相对意义上的贫困，即贫困具有相对性。在众多的理解中，相对贫困和绝对贫困是与社会公众的基本需求相联系的贫困概念。在推进贫困治理过程中，需要深刻把握相对贫困与绝对贫困的内

---

① 国务院扶贫办政策法规司、国务院扶贫办全国扶贫宣传教育中心：《脱贫攻坚前沿问题研究》，研究出版社 2019 年版，第 61 页。

涵。绝对贫困就是"贫中之贫、困中之困"，其本质是深度贫困，是指个人或家庭不能维持基本生存和生活需要的生存状态；相对贫困是指一个人或家庭的收入低于社会平均收入水平达到一定程度时所维持的生活状态。深度贫困一般是按照基本需求不足来确定的，相对贫困则是按照一定的百分比确定的，多数情况下相对贫困的标准要高于绝对贫困的标准。当前，世界银行将收入低于社会平均收入的 1/3 的社会成员视为相对贫困人口，部分国家将低于平均收入的 40% 的人口归于相对贫困人口。还有的国家和地区按比例确定相对贫困人口，比如美国确定贫困人口比例为 10% 到 15%，欧盟是 15%，英国是 18%。①

相对贫困的深刻内涵。一方面，深度贫困与相对贫困是"先后阶段性"的概念，一般是先解决深度贫困问题，后解决相对贫困问题；另一方面，这两个阶段又不能完全切割，在消除深度贫困阶段仍有一定数量的相对贫困人口存在，即使进入相对贫困阶段也可能会存在极少数的深度贫困人口。目前，中国的减贫工作仍是消除深度贫困，主要解决的是深度贫困人口生存问题；2021 年将进入相对贫困阶段，主要解决的是发展和共享的问题。相对贫困在一定程度上反映的是财产、收入在社会不同阶层之间的分配。世界上不少国家的发展经验证明，

---

① 胥爱贵：《探索建立缓解相对贫困的长效机制》，《江苏农村经济》2017 年第 11 期。

在经济快速增长的同时，很容易发生分配不公和两极分化，并由此产生较突出的相对贫困问题。相对贫困主要表现在：一是动态性，扶贫标准随着经济社会发展水平的变化而变化；二是不平等性，社会财富在不同社会成员间分配不公；三是相对性，其设定较多地依赖于一国治理者或研究者自身的判定。到2020年如期全面建成小康社会、消除绝对贫困，并不等于没有贫困。因此，在决胜消除深度贫困的关键时刻，中共十九届四中全会提出"相对贫困"概念和"建立解决相对贫困的长效机制"，充分体现了以习近平同志为核心的党中央的高瞻远瞩和深谋远虑，也为中共"十四五"期间的减贫治理工作指明了方向和任务。

贫困治理进入决战深度贫困和解决相对贫困叠加阶段。一是脱贫攻坚进入消除深度贫困的决战阶段。中共十九大报告指出："从现在到二〇二〇年，是全面建成小康社会决胜期。"必须清醒地看到，全面建成小康社会仍面临一些短板弱项，特别是脱贫攻坚任务艰巨，全国仍有相当一部分贫困人口居住在艰苦边远地区，处于深度贫困状态，属于脱贫攻坚要啃的硬骨头，剩余的脱贫任务难度极大。《关于支持深度贫困地区脱贫攻坚的实施意见》指出，"三区三州"①以及贫困发生率超过18%的贫困县和贫困发生率超过20%的贫困村，自然条件差、经

---

① "三区"指西藏、新疆南疆四地州和四省（青海、四川、甘肃、云南）藏区；"三州"指甘肃临夏州、四川凉山州和云南怒江州。

济基础弱、贫困程度深，是脱贫攻坚中的硬骨头，补齐这些短板是脱贫攻坚决战决胜的关键之策。截至 2020 年 2 月，全国还有 52 个贫困县未摘帽、2707 个贫困村未出列、建档立卡贫困人口未全部脱贫。现在距离完成消除深度贫困不到一年时间，还有这么多贫困县尚未脱贫摘帽，还有部分深度贫困人口尚未摆脱贫困，毫无疑问，中国正处于消除深度贫困、打赢脱贫攻坚战的决战决胜期。

二是减贫治理进入解决相对贫困的启动阶段。2020 年消除深度贫困之后，中国是不是就没有贫困了？答案是否定的。2016 年中国两会期间，习近平总书记就曾指出，脱贫和高标准的小康是两码事，我们不是一劳永逸，毕其功于一役，相对贫困、相对落后、相对差距将长期存在。2018 年中国两会新闻发布会上，国务院扶贫办负责人表示，不是说到 2020 年中国就没有贫困了，而是到 2020 年中国消除了绝对贫困，相对贫困还会长期存在。在地方层面，部分地区已制定了"相对贫困"标准，2016 年广东省以 4000 元作为扶贫标准，全省认定相对贫困人口 176.5 万、相对贫困村 2277 个。在中央层面，中共十九届四中全会明确提出要建立解决相对贫困的长效机制。当前和今后很长一段时间，解决"相对贫困"会成为减贫工作的重要内容。应该说，在即将取得全面消除深度贫困、夺取脱贫攻坚阶段性胜利之际，中共中央正式提出并宣布中国进入研究和解决相对贫困阶段，开启了中国共产党领导人民脱贫减贫的新纪元。

三是脱贫攻坚进入从"打赢"到"打好"的并行阶段。2018年2月12日，习近平总书记在四川成都主持召开会议，首提"打好精准脱贫攻坚战"。以前的提法都是"打赢脱贫攻坚战"，从"打赢"到"打好"，一字之差，体现出更加注重脱贫质量，脱贫必须是经得起时间、历史和人民检验的，是不能掺水和掺假的；体现出更加注重打持久战，以前"打赢"强调的是消除深度贫困攻坚战必须打赢，现在"打好"体现的是要提前谋划布局决胜深度贫困攻坚战之后的减贫工作；体现的是既注重当前又着眼长远的双重目标考虑，既要打赢脱贫攻坚战，实现数字上消除深度贫困，又要打好脱贫攻坚战，切实提高人民的获得感、幸福感，切实增强贫困地区发展后劲。从"深度贫困"到"相对贫困"概念的提出，从"打赢"到"打好"要求的提出，体现出中国减贫治理进入新的历史阶段。

消除深度贫困和减少相对贫困之间具有相互依存关系。一是消除深度贫困为解决相对贫困提供了理论借鉴。扶贫减贫必须坚持问题导向，必须做到对症下药，这是做好扶贫工作的关键。中共十八大以来，针对中国扶贫工作中一直存在的针对性不强、"大水漫灌"等现实问题，中国提出精准扶贫方略，着力解决"谁是真正的贫困户""贫困原因是什么""怎么针对性帮扶""帮扶效果又怎样""脱贫之后如何退出"

等一系列问题，也就是"扶持谁""谁来扶""怎么扶""如何退"的关键问题。在精准扶贫理论指引下，中国在消除深度贫困、打赢脱贫攻坚战方面取得了巨大成就。扶贫开发推进到当前这样的程度，贵在精准，重在精准，成败之举也在于精准。下一步，解决相对贫困问题同样需要精准定位贫困人员、精准分析致贫因素、精准制定帮扶措施，确保扶贫工作的针对性和有效性。因此，精准扶贫方略在消除深度贫困方面的积极探索，同样适用于解决相对贫困问题，为今后解决相对贫困问题提供了理论借鉴。

二是消除深度贫困为解决相对贫困提供了制度借鉴。多年来，为消除深度贫困、实现共同富裕，中国共产党做了很多探索和实践，建立和完善了脱贫攻坚责任体系、政策体系、投入体系、监督体系和考核体系等。习近平总书记在主持中央政治局第三十九次集体学习时指出："在实践中，我们形成了不少有益经验，概括起来主要是加强领导是根本、把握精准是要义、增加投入是保障、各方参与是合力、群众参与是基础。这些经验弥足珍贵，要长期坚持。"[1] 这些经验实质上就是一整套经过实践检验的减贫治理体系。正是有了这一系列减贫体制机制作保障，中国的深度贫困问题才得到了有效治理，脱贫攻坚才取得了今天的辉煌成就。中国要着手

---

[1] 《习近平在中共中央政治局第三十九次集体学习时强调：更好推进精准扶贫精准脱贫 确保如期实现脱贫攻坚目标》，《人民日报》2017 年 2 月 23 日。

解决相对贫困问题，继续做好 2020 年之后的相关工作，离不开其在消除深度贫困方面探索的经验，离不开现在这套经过实践检验、行之有效的减贫工作体制机制。中国为消除深度贫困积累的制度性安排，为其治理相对贫困问题提供了可复制、可推广、可借鉴的经验。

三是消除深度贫困为解决相对贫困奠定了良好的社会基础。实现中华民族伟大复兴中国梦的最重要前提之一，就是消灭深度贫困、减少相对贫困、提高全体人民的生活水平。对中国这样一个底子薄、人口多的大国来说，消除贫困是一个长期的过程，往往需要几代人的奋斗和努力。以习近平同志为核心的党中央以"功成不必在我"的精神境界和历史担当，扛起了消除深度贫困的历史重担，矢志到 2020 年在中华大地消除深度贫困。这一伟大举措，不但可一举解决长久困扰中华民族的部分人口赤贫问题，更为实现第二个一百年奋斗目标、为解决相对贫困问题奠定了良好的基础。全面建成小康社会目标实现后，国家更富强、人民更富裕、各方面制度更加成熟定型，中国也会有更多力量、更多办法来解决相对贫困问题。深度贫困是最难啃的"硬骨头"，啃下"硬骨头"，中国才能越走越顺畅，也才更有信心治理相对贫困问题。

四是解决好相对贫困是为了彻底消灭深度贫困、巩固扶贫成果。人的贫富状态是动态的，已经脱贫的人也可能因病返贫、因事返贫，防止已脱贫人口返贫一直是脱贫攻坚工作的重点和难点。进入解决相对贫困阶段，更重要的是关注人的发展权。在相对贫困阶段，更重视贫困人口受教育的权利，大部分相对贫困群众受教育程度和工作技能更高，大部分人能够自食其力、自我发展；更重视社会公平与正义，社会分配制度和法治体系更完备、更合理，社会贫富差距也会相应缩小；更重视社会保障体系建设，贫困人口的教育、医疗、就业、住房等保障措施会更好，社会救济、救助体系会更完备，人的生存权会得到充分保障。因此，解决好相对贫困在某种意义上就是巩固深度贫困扶贫成果，就是让贫困人口在更高水平、更好保障措施上实现发展。

第三章

减贫思路贡献：中国脱贫攻坚具有清晰思路

　　中共十八大以来，为了让全体中国人民一道迈入小康社会，中国扶贫开发进入全面消除绝对贫困的脱贫攻坚新阶段，全面打响了新时代脱贫攻坚战。在习近平总书记关于扶贫工作的重要论述指引下，中国明确了脱贫攻坚应遵循的发展理念，制定了脱贫攻坚的总体规划，明确了扶贫脱贫的标准，绘就了脱贫攻坚的蓝图。可以说，制定并逐步形成系统、完整、连贯的脱贫攻坚总体思路，是中国为世界减贫工作提供的又一重要借鉴。

第一节

思想领航：习近平总书记关于扶贫工作的重要论述指引脱贫攻坚

伟大的事业需要伟大的战略引领。中国正在进行的脱贫攻坚战是中国共产党在新时代领导和发动的一场新的伟大斗争，指导这场斗争有力推进的重要行动指南是习近平总书记关于扶贫工作的重要论述。这些重要论述所蕴含的思想"形"于他知青的特殊经历和长期在地方主政的探索积淀，"成"于他担任党的总书记成为党和国家的领导核心后。在这一历史过程中，关于扶贫工作的重要论述不断发展完善，形成了问题意识明确、理论体系完备、内在逻辑严密的扶贫思想。习近平总书记关于扶贫工作的重要论述不仅从根本上回答了脱贫攻坚的目的和意义，也为打赢脱贫攻坚战确立了原则和战略，深化了扶贫开发的方法和策略，为破解反贫困提供了理论与现实答案。

明确脱贫攻坚的战略地位。中共十八大以来，中国特色社会主义进入新时代，中国共产党形成并统筹推进经济建设、政治建设、文化建设、社会建设、生态文明建设"五位一体"的总体布局，形成并协调推进全面建成小康社会、全面深化改革、全面依法治国、全面从严治党的战略布局。打赢脱贫攻坚战既是全面建成小康社会补短板的核心任务，又是"五位一体"总体布局和"四个全面"战略布局的重要载体。习近平总书记关于扶贫工作的重要论述贯穿了马克思主义的基本立场和方法，不仅把人民的发展看作经济社会发展的重要目标，把脱贫攻坚作为全面建成小康社会的底线任务，而且把人的全面发展作为脱贫攻坚的重要内容，将调动贫困地区干部群众积极性和创造性作为脱贫攻坚的重要原则，使扶贫工作有了超越温饱目标和面向美好生活的全新内涵。随着中国不断走进世界舞台中央，习近平总书记也将减贫纳入全人类发展的视野，不仅要以中国的减贫成绩为世界减贫做贡献，同样要以中国减贫经验为国际减贫提供智慧和方案。

*坚持党对脱贫攻坚的领导。*坚持党的领导，发挥社会主义制度可以集中力量办大事的优势，这是我们最大的政治优势。坚持发挥各级党委总揽全局、协调各方的作用，落实脱贫攻坚"一把手"负责制，省市县乡村五级书记一起抓，为脱贫攻坚提供坚强政治保证。扶贫开发，要给钱给物，更要建个好支部。践行习近平总书记关于扶贫工作的重要论述，就是始终坚持党的领导，充分发挥政治优势和制度优势，强化中央统筹、省负总责、市县抓落实的体制机制，五级书记抓扶贫，为脱贫攻坚提

回顾中国几十年来减贫事业的历程，我有着深刻的切身体会。上个世纪六十年代末，我还不到十六岁，就从北京来到了陕北一个小村庄当农民，一干就是七年。那时，中国农村的贫困状况给我留下了刻骨铭心的记忆。我当时和村民们辛苦劳作，目的就是要让生活能够好一些，但这在当年几乎比登天还难。四十多年来，我先后在中国县、市、省、中央工作，扶贫始终是我工作的一个重要内容，我花的精力最多。我到过中国绝大部分最贫困的地区，包括陕西、甘肃、宁夏、贵州、云南、广西、西藏、新疆等地。这两年，我又去了十几个贫困地区，到乡亲们家中，同他们聊天。他们的生活存在困难，我感到揪心。他们生活每好一点，我都感到高兴。

二十五年前，我在中国福建省宁德地区工作，我记住了中国古人的一句话："善为国者，遇民如父母之爱子，兄之爱弟，闻其饥寒为之哀，见其劳苦为之悲。"至今，这句话依然在我心中。

——习近平：《携手消除贫困，促进共同发展》（2015年10月16日），《十八大以来重要文献选编》（中），中央文献出版社2016年版，第719—720页

供根本保障。

实施精准扶贫精准脱贫。习近平总书记指出，扶贫开发推进到今天这样的程度，贵在精准，重在精准，成败之举在于精准。改革开放初期，中国农村普遍贫困，需要通过普惠性的政策措施，使大部分地区和群众受益。现在，情况发生

了很大变化。所谓贫有百样、困有千种。过去那种大水漫灌式扶贫很难再取得好的成效，必须采取更精准的措施。要精准识别、精准施策，根据致贫原因有针对性地制定方案，对不同原因不同类型的贫困采取不同措施，因人因户因村施策，对症下药、精准滴灌、靶向治疗。精准扶贫精准脱贫基本方略的主要内容，就是做到"六个精准"，实施"五个一批"，解决"四个问题"。中国践行习近平总书记关于扶贫工作的重要论述，把精准理念落到实处，不断提升精准识别、精准帮扶、精准施策、精准退出质量，扶贫扶到点上扶到根上。

*构建大扶贫格局。*习近平总书记指出，扶贫开发是全党全社会的共同责任。中国坚持充分发挥政府和社会两方面力量作用，构建专项扶贫、行业扶贫、社会扶贫互为补充的大扶贫格局，调动各方面积极性，引领市场、社会协同发力，形成全社会广泛参与脱贫攻坚格局。中央和国家机关各部门把脱贫攻坚作为分内职责。健全东西部协作、党政机关定点扶贫机制，各部门积极完成所承担的定点扶贫任务，东部地区加大对西部地区的帮扶力度，国有企业承担更多扶贫开发任务。鼓励支持各类企业、社会组织、个人参与脱贫攻坚。引导社会扶贫重心下沉，促进帮扶资源向贫困村和贫困户流动，实现同精准扶贫有效对接。中国践行习近平总书记关于扶贫工作的重要论述，就是更加广泛、更加有效地动员和凝聚各方面力量，不断完善大扶贫格局，更加聚焦精准，形成脱贫

攻坚的强大合力。

激发内生动力。习近平总书记指出，脱贫致富贵在立志，只要有志气、有信心，就没有迈不过去的坎。扶贫不是慈善救济，而是要引导和支持所有有劳动能力的人，依靠自己的双手开创美好明天。政府改变以前习惯的送钱送物方式，坚持扶贫先扶智、扶贫先扶志，深入细致做好群众的思想工作，帮助贫困群众提高增收致富的能力，帮助贫困群众摆脱思想贫困、意识贫困。改进帮扶方式，多采取以工代赈、生产奖补、劳务补助等方式，组织动员贫困群众参与帮扶项目实施，提倡多劳多得，不要包办代替和简单发钱发物。践行习近平总书记关于扶贫工作的重要论述，就是正确处理外部帮扶和贫困群众自身努力关系，把贫困群众的积极性和主动性充分调动起来，靠自己辛勤劳动实现脱贫，靠自己的努力改变命运。

实行最严格的考核制度。习近平总书记指出，必须坚持把全面从严治党要求贯穿脱贫攻坚工作全过程和各环节，实施经常性的督查巡查和最严格的考核评估，确保脱贫过程扎实、脱贫结果真实，使脱贫攻坚成效经得起实践和历史检验。要把握好脱贫攻坚正确方向，防止层层加码，要量力而行、真实可靠、保证质量。要防止形式主义，扶真贫、真扶贫。要坚持年度脱贫攻坚报告和督查制度，加强督查问责，对不严不实、弄虚作假的严肃问责。扶贫资金量大、面广、点多、线长，监管难度大，社会各方面关注度高，要强化监管，做到阳光扶贫、廉洁扶贫。要加强扶贫资金管理使用，对挪用乃至贪污扶贫款项的行为必须坚决纠正、严肃处理。要加大惩治力度，对扶贫领域腐败问题，发现一起，严肃查处问责一起，绝不姑息迁就。践行习近平总书记关于扶贫工作的重要论述，就是要始终把纪律和规矩挺在前面，不断完善制度，确保责任落实、政策落实、工作落实，切实加强监管，坚决惩治和预防扶贫领域违纪违法行为，提高扶贫资金使用效率和效益，确保扶贫资金真正用到建档立卡贫困人口脱贫上。考核评估要较真碰硬，确保脱贫质量。

*携手共建人类命运共同体。*习近平总书记指出，消除贫困是人类的共同使命。中国在致力于自身消除贫困的同时，始终积极开展"南南合作"，力所能及地向其他发展中国家提供不附加任何政治条件的援助，支持和帮助广大发展中国家特别是最不发达国家消除贫困，在国际减贫领域积极作为，树立负责任大国形象。践行习近平总书记关于扶贫工作的重要论述，就要把减贫纳入国际视角，深化减贫领域国际交流合作，为全球减贫事业提供"中国方案"，为携手共建人类命运共同体贡献"中国智慧"。

习近平总书记关于扶贫工作的重要论述具有马克思主义和新时代中国特色社会主义思想的理论特质，充分体现了始终把人民的利益放到最高位置的人民性，坚持一切从实际出发、理论联系实际、实事求是的科学性，以精准为要义不断深化扶贫体制机制改革的创新性，展现了大国领袖世界眼光和天下情怀的国际性，具有重要的历史地位。

习近平总书记关于扶贫工作的重要论述是习近平新时代中国特色社会主义思想的重要组成部分。习近平新时代中国特色社会主义思想具有丰富的时代内容和思想内涵。中国脱贫攻坚是习近平新时代中国特色社会主义思想的伟大实践，取得的显著成效充分证明了习近平新时代中国特色社会主义思想的重要理论和实践价值。可以说，习近平总书记关于扶贫工作的重要论述极大地拓展了治国理政思想的内涵，精准扶贫在实践中取得的成功也推动了精准思维在治国理政中的广泛运用。

习近平总书记关于扶贫工作的重要论述是马克思主义反贫困理论中国化的最新成果。习近平总书记关于扶贫工作的重要论述与马克思主义反贫困理论一脉相承，是马克思主义反贫困理论中国化的最新理论成果，是运用马克思主义立场、观点、方法解决中国具体问题的成功典范。受客观条件限制，马克思反贫困理论主要关注资本主义制度下城市工人阶级的贫困问题。习近平总书记在继承发展马克思主义反贫困理论的基础上，坚持运用马克思主义基本立场观点方法来分析我国贫困问题，对社会主义初级阶段下农村贫困问题特征、反贫困深层次矛盾问题以及系统治理贫困进行了深入研究，深化了对社会主义制度下农村贫困问题的认识，得出了符合辩证唯物主义和历史唯物主义的反贫困客观规律，体现了人类社会发展规律的新要求，开创了社会主义制度下反贫困理论新境界，是马克思主义同中国特色社会主义制度下反贫困最新实践相结合的产物。

习近平总书记关于扶贫工作的重要论述是中国特色扶贫开发理论的最新发展。中国特色扶贫开发事业是中国特色社会主义事业的重要组成部分，中国特色扶贫开发理论是中国特色社会主义理论体系的有机构成。习近平总书记立足中国社会主义初级阶段的基本国情、人民日益增长的美好生活需要和不平衡不充分发展的社会主要矛盾，以确保到 2020 年所有贫困地区和贫困人口一道迈入全面小康社会为底线任务，以自我革新的巨大勇气，透过现象看本质，深刻揭示了当前中国贫困问题的新特征和反贫困存在的深层次矛盾和问题，在坚持开发式扶贫方针的基础上，创造性地提出了精准扶贫精准脱贫的基本方略，创新了中国反贫困的价值理念、工作模式、组织方式。习近平总书记关于扶贫工作的重要论述解决了中国脱贫攻坚的一系列重大理论和实践问题，极大地创新发展了中国特色扶贫开发理论。

习近平总书记关于扶贫工作的重要论述是全球贫困治理的"中国智慧"。消除贫困是全世界的共同使命。作为大国领袖，习近平以天下为己任，心系人类发展，"为共建一个没有贫困、共同发展的人类命运共同体而不懈奋斗"①的重要论述，体现了习近平对消除贫困的重大战略意义的认识，彰显了大国领袖对于全球减贫事业的责任担当。以习近平总书记关于扶贫工作的重要论述为指引，中国坚持精准扶贫精准脱贫方略，逐步形成了一整套科学高效的贫困治理体系，不仅指引中国脱贫攻坚取得了历史最好成绩，也为全球贫困治理贡献了"中国智慧"和"中国方案"，得到了国际社会的充分肯定和高度评价。联合国秘书长古特雷斯指出："（中国）精准减贫方略是帮助贫困人口、实现《2030 年可持续发展议程》宏伟目标的唯一途径。中国已实现数亿人脱贫，中国的经验可以为其他发展中国家提供有益借鉴。"②

---

① 《十八大以来重要文献选编》（中），中央文献出版社 2016 年版，第 723 页。
② 刘永富：《习近平扶贫思想的形成过程、科学内涵及历史贡献》，《行政管理改革》2018 年第 9 期。

第二节

理念引领：新发展理念引领脱贫攻坚

　　发展理念是发展行动的先导，是管全局、管根本、管方向、管长远的东西。发展理念搞对了，目标任务就好定了，政策举措也就跟着好定了。中共十八届五中全会提出了全面建成小康社会需要坚持创新、协调、绿色、开放、共享的新发展理念。脱贫攻坚是全面建成小康社会最艰巨的任务，中国在打好新时期脱贫攻坚战的过程中始终坚持贯彻新发展理念。

　　*创新发展是助力脱贫攻坚的强大动力。*创新是脱贫攻坚的强大动力。习近平总书记站在决定民族前途命运的高度反复强调创新的极端重要性，指出创新是引领发展的第一动力。完成脱贫攻坚工作任务，就必须把创新发展摆在脱贫攻坚全局的核心位置，不断改革创新扶贫机制和扶贫方式，切实把贫困地区发展基点放在创新上，让贫困人口搭上改革发展的快车，共同致富，进一步形成脱贫致富的内在驱动力。

　　创新扶贫开发路径，由"大水漫灌"向"精准滴灌"转变。脱贫攻坚之所以取得实实在在的效果，关键是找准路子，抓重点、解难点、把握着力点。搞"大水漫灌""走马观花""大而化之""手榴弹炸跳蚤"肯定不行。中国注重在精准施策上出实招、在精准推进上下功夫、在精准落地上见实效。抓好精准识别、建档立卡这个关键环节,为打赢脱贫攻坚战打好基础。按照"六个精准"的要求,解决好"扶持谁""谁来扶""怎么扶""如何退"的问题,实现精准滴灌式的真扶贫、扶真贫。

创新扶贫资源使用方式,由多头分散向统筹集中转变。整合各类资源,打好扶贫资源使用的组合拳。建立"多条渠道进水、一个龙头出水"的项目整合机制和部门协作机制,以扶贫规划为引领,以重点扶贫项目为平台,把专项资金、相关涉农资金和社会帮扶资金捆绑集中使用,统筹运用好资金、资产、资源,集中力量精准脱贫。

创新扶贫开发模式,由偏重"输血"向注重"造血"转变。大力推进开发式扶贫,充分调动贫困地区干部群众的积极性和创造性,注重扶贫先扶智,增强贫困人口自我发展能力。加强贫困地区路、水、电、通信等基础设施建设,有效改善贫困群众的生产生活条件。统筹推进贫困地区科教文卫体等社会事业发展,提高贫困人口素质。大力推进贫困地区特色产业发展,加快一二三产业融合发展。

创新扶贫考评体系,由侧重考核地区生产总值向主要考核减贫脱贫成效转变。脱贫攻坚是当前的头等大事和第一民生工程,为确保目标顺利实现,中国加强党的领导,层层压实责任。

严格落实《省级党委和政府扶贫开发工作成效考核办法》，建立年度脱贫攻坚报告和督查制度。

*协调发展是贫困地区摆脱贫困的必然路径。*协调是持续健康发展的内在要求。改革开放以来，中国经济社会快速发展，然而地区城乡差距也随之拉大。贫困地区主要分布在中西部的农村，发展中不平衡、不协调、不可持续的问题突出。中国始终坚持协调发展，逐步破解发展困境，不断强化整体性和协调性，较好地增强了贫困地区的发展后劲，带动贫困地区走向共同富裕之路。

推进"四化同步"，带动贫困地区快速发展。以"新型工业化"为动力，着力推进绿色、循环、低碳为主的新型工业化，以信息化为依托壮大特色绿色产业，推动劳动密集型污染少的工业产业发展，打造脱贫攻坚的发动机。以"信息化"为纽带，降低扶贫工作成本、提升扶贫工作实效，激发扶贫开发的发展潜能。以"新型城镇化"为载体，实现贫困人口从农村向相对发达城市转移，同时为工业化提供场所、劳动力和消费市场，推动脱贫攻坚全面展开。以"农业现代化"为抓手，提高农业劳动效率，促使富余劳动力进入非农产业就业，为工业发展提供大量劳动力，推动城镇的形成和贫困人口的减少，夯实精准脱贫的基础。

推动区域城乡协调发展，解决区域性整体贫困。全面建成小康社会，难点在农村。目前仍有为数众多的国家扶贫开发工作重点县，刚刚摘帽、正在摘帽和准备摘帽的贫困县，以及连片特困地区，都是脱贫攻坚的主战场。中国不断健全城乡发展一体化体制机制，坚持工业反哺农业、城市支持农村，不断推进城乡要素平等交换、合理配置和基本公共服务均等化，持续促进农业发展、农民增收，努力把贫困地区建设成农民幸福生活的美好家园。大河有水小河满，区域城乡协调发展了，才能消除区域性整体贫困。

绿色发展是贫困地区永续发展的必要条件。消除贫困和保护环境是世界可持续发展领域的两大核心问题。中国将扶贫开发与保护生态环境结合起来，守住发展和生态两条底线，坚持把绿色发展理念贯穿精准扶贫全过程，将发展绿色经济作为推进精准扶贫工作的重要抓手。

强化绿色扶贫理念。绿色发展，既是当前的治贫之举，也是长远固本之道。扶贫开发不能以牺牲生态为代价，在精准脱贫工作中，中国树立了保护生态环境就是保护生产力，绿水青山就是金山银山的理念，把生态保护放在优先位置，坚持节约优先、保护优先、自然恢复优先的基本方针，坚持绿色发展、低碳发展、循环发展的基本途径，在适度开发减少贫困的同时，为贫困地区留足持续发展的生态资本，探索走出了一条发展经济、消除贫困、优化环境的新路子。

加快发展绿色经济。中国坚持有效利用资源，发展绿色产业，培育绿色经济增长点，破除能源、资源和环境因素的制约等瓶颈。以市场需求为导向，因地制宜，依托绿色资源和环境，生产绿色、无污染的土特产品。加强生态环境的修复和建设，大力开发生态产品和生态产业，强化绿色资本的积累，推动贫困地区自然资本大量增值，让绿水青山成为贫困地区人民生活的金山银山。

加强绿色扶贫政策支持。中国坚持因地制宜，分类施策。对于生态遭到破坏的贫困地区，大力恢复生态。坚持做好退耕还林还草、天然林保护、石漠化治理、水生态治理等重大生态工程，在项目和资金安排上向贫困地区倾斜，不断提高贫困人口参与度和受益水平。对于需要保护的重点生态功能区，增加转移支付，开展生态综合补偿试点，健全公益林补偿标准动态调整机制，完善生态保护补助奖励政策等，让贫困地区从生态保护中得到更多实惠。

开放发展是贫困地区繁荣发展的必由之路。人类的历史就是在开放中发展的。任何一个民族的发展都不能只靠本民族的力量。只有处于开放交流之中，经常与外界保持经济文化的吐纳关系才能得到发展，这是历史的规律。中国坚持以开放发展理念拓宽扶贫思路，大力吸引国内外产业、资本、人才等资源向贫困地区聚集，坚持"走出去"与"引进来"并重，加强扶贫开发经验的相互学习交流，为国际减贫事业提供了"中国方案"、贡献了"中国智慧"。

大力实施开放式精准扶贫。中国坚持引导和帮助贫困群众摆脱封闭、单一的自然经济状态，向开放的市场经济发展，使贫困地区经济实现良性循环。坚持走对内、对外同步开放的"双向开放"道路，一方面积极参与国内市场竞争，加强内引外联，大力引进信息、资金、技术和人才，实现优势互补；另一方面，积极参与国际市场的竞争和交换，促进贫困地区经济发展。使开放与精准脱贫相互依存、相互促进、彼此融合，让开放成为取得脱贫成效的重要举措，让脱贫成效成为开放的新起点，使扶贫工作水平迈上新台阶。

鼓励引导全社会广泛参与脱贫攻坚。脱贫攻坚需要政府、市场和社会的协同推进，以及贫困地区、扶贫对象的充分参与。中国既坚持政府发挥主导作用，也坚持让市场和社会成为反贫困的重要力量，先富帮后富，共奔小康路。不断健全东西部扶贫合作机制、定点扶贫机制和社会力量参与机制，广泛动员全社会力量，合力推进脱贫攻坚。

加强减贫交流合作。一是加强国内各地区的减贫交流合作。各地在扶贫开发中不断探索实践，形成了很多行之有效的方法，积累了丰富多样的扶贫经验，互相取长补短，共同推进脱贫攻坚。二是加强国际减贫交流合作。通过对外援助、项目合作、技术扩散、智库交流等多种形式，加强与发展中国家和国际机构在减贫领域的交流合作，充分借鉴国际先进减贫理念与经验。

*共享发展是脱贫攻坚的基本价值取向。*共享发展居于新发展理念的核心地位。全面建成小康社会绝不能让一个少数民族、

一个地区掉队，要让全体中国人民共享全面小康的成果。中国坚持共享发展理念，加强贫困地区基础设施和公共服务建设，不断完善就业、教育、医疗等社会保障体系，让贫困群众在经济社会发展中不断增强获得感、幸福感、安全感。消除贫困、改善民生、逐步实现共同富裕，是社会主义的本质要求，是中国共产党的重要使命。发展的目的是为了人民、发展过程需要依靠人民、发展的成果应该由人民共享，使全体人民在共建共享发展中有更多获得感，从而在共同富裕中增强发展的动力。从这个维度上讲，共享与其他四大发展理念的关系是目的与手段的关系。在全面建成小康社会这幅壮美画卷中，民生是最厚重的底色，共享是最温暖的主题。

★　**金句选读**

落实共享发展理念，"十三五"时期的任务和措施有很多，归结起来就是两个层面的事。一是充分调动人民群众的积极性、主动性、创造性，举全民之力推进中国特色社会主义事业，不断把蛋糕做大。二是把不断做大的蛋糕分好，让社会主义制度的优越性得到更充分体现，让人民群众有更多获得感。要扩大中等收入阶层，逐步形成橄榄型分配格局。特别要加大对困难群众的帮扶力度，坚决打赢农村贫困人口脱贫攻坚战。

——习近平：《深入理解新发展理念》（2016年1月18日），《十八大以来重要文献选编》（下），中央文献出版社2018年版，第170—171页牢固树立共享发展理念，让贫困人口享有更多发展成果。共享发展，明确了发展"为了谁"的问题。共享是全面共享，要让人人享有；共享是全面共享，让人民共享经济、政治、文化、社会、生态各方面的成果；共享是共建共享，形成人人参与、人人尽力、人人都有成就感的发展局面；共享是渐进共享，立足国情，不好高骛远。共享就是既不走绝对平均主义的老路，也不复制欧洲国家的高福利发展模式。共享注重的是社会公平，目的是要实现共同富裕。脱贫"军令状"的出台，足见中央重拳扶贫的力度。打赢脱贫攻坚战要靠的是精准扶贫，因人因地施策，用共享发展的理念摆脱贫困。

　　落实共享发展理念，实施精准扶贫。打赢脱贫攻坚战，贵在精准扶贫，精准脱贫。中国扶贫脱贫走过了一条不断寻求新方法、积累新经验的探索道路。扶贫必先识贫，确保把真正的贫困人口弄清楚。明确"扶持谁"，把精准扶贫、精准脱贫落到实处。明确"怎么扶"，找到"贫根"，对症下药，靶向治疗。明确"谁来扶"，明晰分工，落实责任，通过"六个精准"（扶持对象精准、项目安排精准、资金使用精准、措施到户精准、因村派人精准、脱贫成效精准）施策，践行"四个切实"（切实落实领导责任、切实做到精准扶贫、切实强化社会合力、切实加强基层组织），大力实施"五个一批"（发展生产脱贫一批、异地搬迁脱贫一批、生态补偿脱贫一批、发展教育脱贫一批、社会保障兜底一批）工程，确保每一户贫困群众在奔向小康的征程中不落伍掉队，共享改革发展成果。

落实共享发展理念，实现有效脱贫。一是充分调动人民群众的积极性、主动性、创造性，举全民之力推进脱贫攻坚，增加公共服务供给、提高教育质量、促进就业创业，不断把蛋糕做大。二是把不断做大的蛋糕分好，加大对贫困群众的帮扶力度，缩小收入差距、建立更加公平更可持续的社会保障制度，让社会主义制度的优越性得到更充分体现，让人民群众有更多获得感。

第三节

明确标准：明确新时代脱贫攻坚标准

明确与世情、国情相结合的扶贫标准。制定符合国情、参照国际的扶贫标准，是打赢脱贫攻坚战的基础。当前，全球贫困标准不一，大多采用绝对贫困标准。反贫困是古今中外的治国大事。扶贫要知贫，知标准。放眼全球看贫困标准，对中国的精准扶贫有参考意义。

一是国际贫困标准。世界银行发布的贫困线是公认的国际标准，分为绝对贫困线和一般贫困线。1990 年，世界银行根据一组最穷国的情况，采用购买力平价法，制定了绝对贫困线，即每人每天生活费 1.01 美元，1994、2008、2015 年分别调整为 1.08、1.25、1.9 美元。2008 年，世界银行根据 75 个发展中国家的贫困标准中位数，首次制定了 2 美元的一般贫困线，2015 年提高到 3.1 美元。按照 1.9 美元的绝对贫困标准，世界贫困人口从 1981 年的 20 亿人减少到 2016 年的 9 亿人左右，贫困率从 44% 降至 13%。其中，高收入国家贫困率为零，中高收入国家从 63% 降至 5.4%，中低收入国家从 51% 降至

19%，低收入国家从 70% 降到 47%，中国同期 7.9 亿人脱贫，对全球减贫的贡献率高达 72%。

按世界银行每人每天 1.9 美元的绝对贫困标准，"中国贫困人口从 1981 年末的 8.78 亿人减少到 2013 年末的 2511 万人，累计减少 8.53 亿人，减贫人口占全球减贫总规模超七成；中国贫困发生率从 1981 年末的 88.3% 下降至 2013 年末的 1.9%，累计下降了 86.4 个百分点；同期全球贫困发生率从 42.3% 下降到 10.9%，累计下降 31.4 个百分点"[1]。中国减贫速度明显快于全球，贫困发生率也大大低于全球平均水平。

二是发达国家贫困标准。虽然高收入国家已无世界银行标准下的贫困人口，但各国立足国情，制定了自己的贫困标准。

美国有贫困线和贫困指导线两个标准。贫困线由人口普查局发布，依据家庭人数、18 岁以下成员数、家庭收入确定贫困线，共分 9 个层级。按美国当前贫困标准，从 1 人到 9 人以上家庭，贫困线从 11354 到 52685 美元。例如，有 2 个孩子的四口之家，收入在 24008 美元以下，则为贫困家庭。依此标准，2017 年美国贫困率为 12.3%，贫困人口约为 4200 万，约占总人口的 13.4%。超过 500 万全年从事全职工作的美国人年收入低于贫困线。贫困指导线是贫困线的简化版，是根据家庭人数制定的，主要用于管理

---

[1] 张翼：《我国农村贫困人口减少 7.4 亿人》，《光明日报》2018 年 9 月 4 日。

目的。根据 1939 年罗斯福政府创立的"补充营养协助计划"，人均收入低于联邦贫困线 130％ 以下的美国家庭（包括持绿卡的永久居民），可以向政府申请"食品券"（Food Stamps）福利。可享受食品券的人群比例为 20％，高于贫困线的 15％。单身月总收入低于 1245 美元，四口之家月总收入低于 2552 美元（这里的收入是指在税收、保险、养老金等任何扣除之前的税前收入）即可享受。2016 财年，联邦政府在这方面的福利开支为 709 亿美元，为 4400 万美国人提供了每人每月平均为 125.51 美元（约合 800 元人民币）的食品援助。

欧盟采用相对贫困指标，将全国居民家庭收入中位数的 60％ 作为贫困线。欧洲统计局统计数据显示，2018 年，德国绝对社会贫困人口占比为 3.4％，与上一年度基本持平；法国为 4.7％，较上年有所增加；英国和西班牙占比分别为 4.6％ 和 5.1％；意大利社会绝对贫困人口占比为 8.4％，是 2010 年以来最好水平；欧盟的平均水平为 6.2％。按百分比计算，意大利的贫困率接近斯洛伐克、克罗地亚和匈牙利。排在意大利前面，贫困率更高的有 3 个国家：保加利亚（贫穷人口比例为 20.9％）、希腊和罗马尼亚。北欧成员国贫穷人口比例最低，瑞典 2017 年为 1.1％，卢森堡 2017 年为 1.2％，荷兰 2018 年为 2.4％。

日本与欧盟类似，将全国居民家庭收入中位数的 50％ 作为贫困线。2017 年贫困线为年收入 122 万日元左右，相当于人民币 7.57 万元。2017 年日本人均 GDP 为 38214 美元。人均 GDP 和贫困线的比值为 3.43。

三是发展中国家贫困标准。发展中国家大多数采用绝对贫困指标，主要根据每天须摄入的热量，换算成食品及相应的货币收入。如印度针对城市和农村制定了不同的贫困线。印度计划委员会 2011 年建议的贫困线是：农村每人每天 27 卢比（约合 45 美分）；城市 33 卢比（55 美分）。全国的贫困率为 22%，有 2.6 亿人。巴西有两条贫困线：贫困线和绝对贫困线，前者按照最低工资的 1/2 来确定，后者是最低工资的 1/4。埃及根据家庭调查确定贫困线，低于全国人均支出 1/3 的为绝对贫困，低于 2/3 的为相对贫困。由于 1.9 美元是世界银行按当时最穷 15 国贫困线的平均数计算的，所以绝大多数国家的贫困标准都明显高于国际标准，如南非、俄罗斯、巴西国内标准下的贫困率比国际标准下的贫困率分别高 30 个、10 个、4 个百分点，印度和中国则与国际标准接近。

比较世界各国的贫困标准，可以看出：首先，既有绝对贫困又有相对贫困。贫困分为绝对和相对，前者指难以维持基本生活，后者指无法过上大多数人的生活。绝对贫困可以消除，相对贫困长期存在。如美、欧、日等发达国家和地区已消除绝对贫困，但相对贫困率仍高达 15% 左右。其次，贫困标准是立足国情的。各国贫困标准的制定，综合考虑财力、收入水平、生存需要等因素，因国情不同而标准各异。穷国多以基本生存需要为线，而富国还要考虑过上"体面生活"，如欧盟将每隔一天才能吃到鱼、肉等，不能每年外出休假一周也视为贫困。同时，穷国对城乡、区域分设贫困标准，富国则多为统一标准。再次，贫困标准是动态调整的。各国贫困标准随着经济社会发展不断变化，考虑因素越来越多。多数国家定期调查，适时调整贫困标准。贫困测度从单维转向多维，开始以食品需要为主，后来增加了住房、教育和交通等需求，现在一些非收入和消费支出也被纳入。如巴西的"家庭补助金"计划，包括了学校补助、食品补助、燃气扶助和食品券等。欧盟将社会排斥纳入贫困统计，将实际贫困率提高了若干个百分点。

*中国贫困标准日趋科学，与国际标准逐步衔接。*中国贫困标准的制定和调整可分为 3 个阶段。第一阶段：解决基本温饱。1986 年，中国首次制定贫困标准，用恩格尔系数法，以每人每日 2100 大卡热量的最低营养需求为基准，再根据最低收入人群的消费结构来进行测算。1985 年的农村贫困标准为人均纯收入 206 元，当年的全国农村贫困人口为 1.25 亿人。此后，依据物价逐年调整，1994 年为 440 元。《国家八七扶贫攻坚计划（1994—2000 年）》提出，力争 7 年左右时间基本解决 8000 万农村贫困人口的温饱问题。到 2000 年，按 625 元的贫困线，贫困人口减少至 3209 万，贫困发生率降至 3.5%，该计划的战略目标基本实现。第二阶段：兼顾非食品需求。

2001 年，中国制定了《中国农村扶贫开发纲要（2001—2010年）》，提出尽快解决少数贫困人口温饱问题，为小康创造条件。为此，国家调整了扶贫标准，在保留 1986 年标准的基础上，计算了部分非食品需求，将 2000 年农民人均纯收入 865 元定为低收入标准，涉及 9423 万人。2008 年，中国把绝对贫困标准与低收入标准合二为一，实行新扶贫标准。2009 年为 1196元，2010 年提高到 1274 元，贫困人口比 2000 年减少 6735万，为 2688 万人，贫困发生率降至 2.8%，纲要确定的目标基本实现。第三阶段：兼顾适度发展。2011 年，中国制定了《中国农村扶贫开发纲要（2010—2020 年）》，在综合考虑发展水平、解决温饱、适度发展及政府财力的基础上，将 2300 元作为新的扶贫标准，比 2008 年提高了 92.3%，贫困人口扩大到 16567 万人，贫困发生率升至 17.2%。截至 2019 年底，按现行贫困线标准，贫困人口减少到 551 万人，贫困发生率降至0.6%，向"两不愁三保障"的预定目标稳步推进。

综合比较国际国内贫困标准，可以看出：首先，现行标准符合国情与承受能力。中国每次制定标准，充分考虑了财力和扶贫目标群体。现已基本消除 1978 年和 2008 年标准的贫困人口，现行标准所代表的生活水平能基本保证贫困人口"两不愁三保障"，与全面建成小康社会的要求总体相适应。其次，中国与国际标准逐步衔接。中国前两个标准明显低于国际标准，2015 年中国标准约 2.12 美元，已高于 1.9 美元国际绝对贫困标准。再次，适时提高标准，对内利民对外利国。标准提高，是为了人民受益，如 2011 年就多覆盖了 1.4 亿人，充分体现了社会主义本质要求和中国共产党全心全意为人民服务的宗旨。

全面建成小康社会，最艰巨的任务是脱贫攻坚。中国共产党承诺，决不让贫困地区和贫困人口在全面建成小康社会征程中落伍掉队。贫困标准是脱贫攻坚对策的有机组成部分，中国立足当前，着眼未来，放眼世界，努力完善和引领国际减贫标准。

一是正确引导，准确解读中国现行标准。中国现行标准科学合理，但公众和外界缺乏了解，存在认识误区，如有人不考虑基准年后的物价等因素的变化，直接用 2300 元与汇率折算，误认为中国扶贫标准仅 1 美元左右；有人用 2300 元与发达国家上万美元的贫困线直接对比，认为中国的贫困率比发达国家贫困率还低，这不真实；有人认为"农村贫困人口实现脱贫"后，就没有贫困问题了。主动正确解读，加强舆论宣传，正确引导社会心理预期，是打赢这一攻坚战的必要内容。

二是适当增加需求内容，逐步与 3.1 美元的国际一般贫困线接轨。随着经济社会日益发展，全国居民人均可支配收入逐步提高，需要逐步拓宽贫困家庭的消费范围，将一部分必要的发展需求纳入计算范围。此外，主动加强国际合作，争取参与和引领世界减贫规则。2015 年《联合国千年发展目标报告》认为，"中国在全球减贫中发挥了核心作用"。中国把扶贫开发纳入国家总体战略，制定适合发展阶段的贫困标准，推行开发式扶贫和精准扶贫，为国际减贫事业提供了可资借鉴的经验。

绘就蓝图：新时代脱贫攻坚总体规划

中共十八大以来，中国共产党把脱贫攻坚作为全面建成小康社会的底线任务和标志性指标，采取高规格举措，全面打响脱贫攻坚战。2015—2019 年，习近平总书记就打赢脱贫攻坚战召开了 7 个专题会议，每次围绕一个主题进行布局，同时也提出面上的工作要求。每次座谈会前，习近平总书记都先到贫困地区调研，实地了解情况，听取基层干部群众意见，根据了解到的情况，召集相关省份负责同志进行工作部署。这一系列高规格举措为我们从战略和全局的高度制定脱贫攻坚蓝图奠定了坚实的基础。

制定脱贫攻坚总体规划。2015 年 11 月，习近平总书记在中央扶贫开发工作会议上强调，要立下愚公移山志，咬定目标、苦干实干，坚决打赢脱贫攻坚战，确保到 2020 年所有贫困地区和贫困人口一道迈入全面小康社会。[①]2015 年 11

①　《立下愚公移山志 打赢脱贫攻坚战》，《人民日报》（海外版）2017 年 9 月 23 日。

月，《中共中央　国务院关于打赢脱贫攻坚战的决定》提出了打赢脱贫攻坚战的总体要求和具体方略。2016 年 11 月，国务院印发《"十三五"脱贫攻坚规划》，阐明"十三五"时期国家脱贫攻坚总体思路、基本目标、主要任务和重大举措。2017 年 10 月，在中共十九大报告中，习近平总书记再次把扶贫提高到新的战略高度，并对扶贫攻坚提出了新目标，开启了新征程。经过多年努力，中国扶贫攻坚工作取得决定性进展，贫困人口和贫困地区明显减少，贫困群众生产生活条件明显改善，贫困群众收入水平明显提高。然而，中国脱贫攻坚面临的任务仍然艰巨，越往后脱贫攻坚的难度越大。为提高脱贫质量，聚焦深度贫困地区扎扎实实打好脱贫攻坚战，2018 年 6 月，《中共中央　国务院关于打赢脱贫攻坚战三年行动的指导意见》（以下简称《指导意见》）对 2018—2020 年的脱贫攻坚工作做了全面部署。这个《指导意见》是当前中国脱贫攻坚工作的纲领性文件，明确了各项工作的任务书、路线图和时间表。

所谓任务书就是目标任务，就是要在脱贫攻坚上下真功夫，把脱贫攻坚工作分解成若干的任务项、任务包，逐一对号、逐一落实、逐一销号，强调脱贫攻坚的结果和质量；所谓路线图就是建立行之有效的体制机制，要在尊重中国经济社会发展规律和扶贫开发工作实际的基础上，制定出一套管用的体制机制，推动扶贫开发工作制度化、规范化、体系化，用健全管用的体制机制确保脱贫工作任务的完成；所谓时间表就是要按照既定时间要求，出成绩、成实效，不辜负人民的期望，如期完成中央既定的任务。一般来说，时间表里体现着一定的任务，任务书是对时间表的具体细化。

《指导意见》指出了脱贫攻坚新的时代背景。中共十九大明确把精准脱贫作为决胜全面建成小康社会必须打好的三大攻坚战之一，作出了新的部署。从脱贫攻坚任务看，还有一部分农村贫困人口需要脱贫，其中因病、因残致贫比例居高不下，在 2020 年以前完成脱贫目标，任务十分艰巨。特别是西藏、四省藏区、南疆四地州和四川凉山州、云南怒江州、甘肃临夏州（"三区三州"）等深度贫困地区，不仅贫困发生率高、贫困程度深，而且基础条件薄弱、致贫原因复杂、发展严重滞后、公共服务不足，脱贫难度更大。从脱贫攻坚工作看，形式主义、官僚主义、弄虚作假、急躁和厌战情绪以及消极腐败现象仍然存在，有的还很严重，影响脱贫攻坚有效推进。必须清醒地把握打赢脱贫攻坚战的困难和挑战，一鼓作气、尽锐出战、精准施策，以更有力的行动、更扎实的工作，集中力量攻克贫困的难中之难、坚中之坚，确保坚决打赢脱贫这场对如期全面建成小康社会、实现第一个百年奋斗目标具有决定性意义的攻坚战。

《指导意见》明确了脱贫攻坚的时间表。到 2020 年，巩固脱贫成果，通过发展生产脱贫一批，易地搬迁脱贫一批，生态补偿脱贫一批，发展教育脱贫一批，社会保障兜底一批，因地制宜综合施策，确保现行标准下农村贫困人口实现脱贫，消除绝对贫困；确保贫困县全部摘帽，解决区域性整体贫困。实现贫困地区农民人均可支配收入增长幅度高于全国平均水平。实现贫困地区基本公共服务主要领域指标接近全国平均水平，主要包括：贫困地区具备条件的乡镇和建制村通硬化路，贫困村全部实现通动力电，全面解决贫困人口住房和饮水安全问题，贫困村达到人居环境干净整洁的基本要求，切实解决义务教育学生因贫失学辍学问题，基本养老保险和基本医疗保险、大病保险实现贫困人口全覆盖，最低生活保障实现应保尽保。集中连片特困地区和革命老区、民族地区、边疆地区发展环境明显改善，深度贫困地区如期完成全面脱贫任务。

《指导意见》明确了脱贫攻坚的任务书。集中力量支持深度贫困地区脱贫攻坚、强化到村到户到人精准帮扶举措、加快补齐贫困地区基础设施短板。一是提出从 3 个方面集中力量支持深度贫困地区脱贫攻坚。这 3 个方面是：着力从基础设施建设和生态环境治理方面改善深度贫困地区发展条件，着力从卫生健康和居住条件方面解决深度贫困地区群众特殊困难，着力从民生建设和产业发展等方面加大深度贫困地区政策倾斜力度。二是从 10 个方面强化各项到村到户到人的精准帮扶举措。这10 个方面是：加大产业扶贫力度，全力推进就业扶贫，深入推动易地扶贫搬迁，加强生态扶贫，着力实施教育脱贫攻坚行动，深入实施健康扶贫工程，加快推进农村危房改造，强化综合性保障扶贫，开展贫困残疾人脱贫行动，开展扶贫扶志行动。三是从 4 个方面加快补齐贫困地区基础设施的短板。这 4 个方面是：加快实施交通扶贫行动，大力推进水利扶贫行动，大力实施电力和网络扶贫行动，大力推进贫困地区农村人居环境整治。

《指导意见》明确了脱贫攻坚的路线图。一是从 4 个方面加强精准脱贫攻坚行动支撑保障，包括强化财政投入保障、加大金融扶贫支持力度、加强土地政策支持，实施人才和科技扶贫计划。二是从 6 个方面动员全社会力量参与脱贫攻坚，包括加大东西部扶贫协作和对口支援力度，深入开展定点扶贫工作，扎实做好军队帮扶工作，激励各类企业、社会组织扶贫，大力开展扶贫志愿服务活动。三是从 3 个方面夯实精准扶贫精准脱贫基础性工作，包括强化扶贫信息的精准和共享，健全贫困退出机制，开展国家脱贫攻坚普查。四是从 9 个方面加强和改善党对脱贫攻坚工作的领导，包括进一步落实脱贫攻坚责任制、压实中央各部门扶贫责任、完善脱贫攻坚考核监督评估机制、建强贫困村党组织、培养锻炼过硬的脱贫攻坚干部队伍、营造良好舆论氛围、开展扶贫领域腐败和作风问题专项治理、做好脱贫攻坚风险防范工作、统筹衔接脱贫攻坚与乡村振兴。

第四章

减贫理论贡献：中国脱贫攻坚强调精准扶贫

中共十八大以来，习近平总书记从中国减贫实际出发，创新减贫工作思路，提出"精准扶贫"理念，丰富减贫工作理论，探索减贫工作实践，走出了一条新时代中国特色减贫之路。实施精准扶贫，就是要把发展成果更多更公平地惠及广大贫困群众，不断筑牢党的执政根基，矢志不渝地走逐步实现共同富裕的中国特色社会主义道路。应该说，精准扶贫是中国向世界贡献的重要减贫理论实践与创新。

第一节

新时代实施精准扶贫意义重大

精准扶贫是指针对不同贫困区域环境、不同贫困农户状况,运用科学有效程序对扶贫对象实施精确识别、精确帮扶、精确管理的治贫方式。精准扶贫战略的核心是要改变过去扶贫工作"大水漫灌"和"撒胡椒面儿"的做法,确保扶贫资源能够精准地与贫困个体对接,帮扶措施能够切实有效,确保扶贫利益能够落实在扶贫对象身上。2015 年,中国作出了"打赢扶贫攻坚战"的决定,明确提出到 2020 年实现现行标准下贫困人口全部脱贫,贫困县全部摘帽,区域性整体贫困问题得到解决。应该说,推进精准扶贫,打好精准脱贫攻坚战,是扶贫进入关键阶段所进行的深层次改革,是对传统扶贫的重大突破,是中国特色社会主义关于国家建设理论的新发展。

打好精准脱贫攻坚战,事关增进人民福祉。习近平总书记指出:"贫穷不是社会主义。如果贫困地区长期贫困,面貌长期得不到改变,群众生活长期得不到明显提高,那就没有体现我国社会主义制度的优越性，那也不是社会主义。"① 改革开放以来，伴随着经济社会的持续发展，中国组织实施了大规模扶贫开发运动，扶贫工作取得了举世瞩目的成就，人民生活水平不断得到提升。但农村还有很多贫困群众，只有继续坚定不移推进中国特色扶贫开发事业，让全体中国人民脱贫，才能不断增强人民群众的获得感和幸福感。

打好精准脱贫攻坚战，事关巩固中国共产党的执政基础。打好精准脱贫攻坚战，是当前中国共产党的头等大事和第一民生工程。得民心者得天下。中国共产党的根本宗旨是全心全意为人民服务，只有始终践行以人民为中心的发展思想，以民心为大、民生为重、民苦为忧，真正做到民有所呼、我有所应，民有所盼、我有所为，真正让人民群众得益受惠，党的执政根基才会坚不可摧。

打好精准脱贫攻坚战，事关中国长治久安。改革开放以来，中国扶贫开发事业大踏步发展，极大改变了贫困地区人民群众的生产生活状态和精神面貌，对促进社会进步、民族团结和谐、国家长治久安发挥了重要作用。在新的发展起点上，扶贫开发的标准在提高，扶贫开发的任务也更加艰巨和繁重。在新时期，扶贫开发工作不仅要在改善贫困人口生产生活条件上着力，更要注重提升教育、医疗、文化等方面的公共服务水平，让贫困人口跟上全面小康的步伐。只有全体人民安居乐业，社会才能和谐稳定，国家才能长治久安。

---

① 李军：《打赢脱贫攻坚战的强大思想武器》，《人民日报》2018 年 9 月 17 日。

第二节

精准扶贫核心要义是精准

脱贫攻坚要取得实实在在的效果，必须着力解决底数不清、情况不明、目标不准、措施不对路等问题，量身定做、对症下药，做到扶真贫、真扶贫、真脱贫。把握精准，就必须"对症下药，药到病除"。习近平总书记提出："我们注重抓六个精准，即扶持对象精准、项目安排精准、资金使用精准、措施到户精准、因村派人精准、脱贫成效精准，确保各项政策好处落到扶贫对象身上。"[①]

精准识别扶贫对象。准确识别贫困人口，搞清贫困程度，找准致贫原因，是精准扶贫的第一步。在此基础上准确掌握贫困人口规模、分布情况、居住条件、就业渠道、收入来源等，方可精准施策、精准管理。做好精准识别工作：一是核准底数。按照国家制定的统一的扶贫对象识别办法，在摸清底数的基础上，根据致贫原因和发展需求，科学划分贫困户类型。完善规

[①] 中共中央党史和文献研究院：《习近平扶贫论述摘编》，中央文献出版社 2018 年版，第 60 页。

模控制、精准识别、动态管理机制，采取按收入倒排、公示公告的方式，逐村逐户开展摸底排查和精确复核，以收入为依据，设置排除指标，对上一年建档扶贫对象进行再次摸底识别，并

纳入扶贫信息网络管理系统。严格审核各村上报的帮扶贫困户名单，确保建档立卡户是真贫困，确保做到扶真贫。二是做好建档立卡。充分发扬基层民主，发动群众参与。开展到村到户的贫困状况调查和建档立卡工作，通过群众评议、入户调查、公示公告、抽查检验、信息录入等举措，透明公开，把识别权交给基层群众，让群众按他们自己的"标准"识别谁是穷人，以保证贫困户认定的透明公开、相对公平。做到民主评议和集中决策相结合，公开、公平、公正合理确定扶贫对象，确保真

正的扶贫对象进入帮扶范围。三是分析致贫原因。在找准贫困对象的基础上，还要进一步找准致贫原因。从全国层面看，致贫原因主要包括：因基础设施落后致贫、因生存环境制约和自然灾害致贫、因上学致贫、因地方病和突发重病致贫、孤寡老人或因残疾失去劳动能力致贫等。四是动态监测管理。按照"脱贫出、返贫进"的原则，以年度为节点，以脱贫目标为依据，逐村逐户建立贫困帮扶档案，及时进行数据更新，做到有进有出、逐年更新、分级管理、动态监测。

精准安排扶贫项目。在精准识别的基础上，要做到精准施策、分类施策，即因人因地施策、因贫困原因施策、因贫困类型施策。精准安排扶贫项目和建立产业扶贫的带动机制尤为重要。一是因地制宜发展特色产业。根据各地的区位条件、资源优势和产业基础，选择适合当地发展的特色产业。把扶贫项目与贫困乡镇、贫困村的实际和贫困群众意愿结合起来，把"造血式"扶贫与"输血式"救济结合起来，把近期脱贫与长远致富结合起来，提高群众的积极性和项目的针对性，充分发挥好扶贫项目和资金的带动引领作用。根据市场情况，把贫困户吸入产业，实施短期、中期、长期项目配套措施，以短养长，长短结合，使近期脱贫与长远致富一脉相承。因地制宜制定产业扶持发展规划。坚持宜农则农、宜游则游、宜商则商，大力发展特色优势产业，培育主导产品，提高特色产业开发效益。二是构建产业发展带动机制。对建档立卡贫困户统筹安排使用资金，建立产业发展带动机制，奠定牢固的产业发展基础和稳定的脱贫机制保障。重点扶持符合相关条件的农民专业合作社、村集体经济组织、扶贫企业发展扶贫产业，带动贫困户创收增收。积极引导承包土地向专业种养大户、家庭农场、农民合作社、农业龙头企业流转，增加贫困户财产性收入。推行"公司＋合作社(基地)＋贫困户"等模式，提高贫困户的组织化水平，让贫困户从产业发展中获得更多利益。

精准使用扶贫资金。要提高扶贫资金的有效性，必须对财政扶贫资金运行过程中的每个环节，包括资金的分配、使用对象的确定、使用方向的选择、监督机制的完善等，均作出科学的比较和分析，完善相关机制，切实提升扶贫资金使用管理的精准性、安全性及高效性，让有限的资金发挥最大的效益。一要"精准拨付"。财政扶贫资金投向必须要符合政策，必须专款专用，只能用于贫困地区和贫困群众，坚决避免资金分配的随意性，确保扶贫资金精准拨付、及时拨付，保证好钢用到刀刃上。二要高效利用。要立足地方实际，以扶贫攻坚规划和重大扶贫项目为平台，整合扶贫资金等各类扶贫资源，统筹安排，形成合力，集中力量解决突出贫困问题。三要严格监管。按照"项目跟着规划走，资金跟着项目走，监管跟着资金走"的原则，强化项目监督管理，严格按照精准扶贫的标准、程序等实施项目，未经报批不能擅自更改项目的建设内容和用途，确保每一个项目都落实到贫困户身上。

精准落实扶贫措施。针对扶贫对象的贫困情况和致贫原因，制定具体帮扶方案，分类确定帮扶措施，确保帮扶措施和效果落实到户、到人。习近平总书记提出，要按照贫困地区和贫困人口的具体情况，实施"五个一批"工程，解决好"怎么扶"的问题。一是发展生产脱贫一批。对贫困人口中有劳动能力、有耕地或其他资源，但缺少资金来源、缺少产业支撑、缺少专业技能的，要立足当地资源，因地制宜，实现就地脱贫。二是易地搬迁脱贫一批。对生存条件恶劣、自然灾害频发的地方，通水、通路、通电等成本很高，贫困人口很难实现就地脱贫，要在坚持群众自愿的前提下，实施易地搬迁。实施搬迁中，要想方设法为搬迁人口创造就业机会，保障他们有稳定收入，同当地群众享受同等的基本公共服务，确保搬得出、稳得住、能致富。三是生态补偿脱贫一批。对生存条件差，但生态系统重要、需要保护修复的地区，结合生态环境保护和治理，通过建立生态补偿机制，帮助贫困地区和贫困人口脱贫。四是发展教育脱贫一批。国家教育经费要继续向贫困地区倾斜、向基础教育倾斜、向职业教育倾斜。重点做好职业教育培训，使贫困家庭的子女通过接受职业教育掌握一技之长，促进劳动力就业创业。帮助贫困地区改善办学条件，推进农村中小学校标准化和寄宿制学校建设，加强贫困地区教师队伍建设。对建档立卡的贫困家庭学生实施普通高中教育免学杂费，落实中等职业教育

免学杂费政策。五是社会保障兜底一批。对贫困人口中完全或部分丧失劳动能力的人，由社会保障来兜底。

*精准派驻扶贫干部。*推进脱贫攻坚，关键是责任落实到人。从中央到地方，各级党政领导要将脱贫攻坚的责任落到实处。加快形成中央统筹、省（自治区、直辖市）负总责、市（地）县抓落实的扶贫开发工作机制，做到分工明确、责任清晰、任务到人、考核到位，既各司其职、各尽其责，又协调运转、协同发力。尤其要在选派贫困村第一书记上下功夫，确保"因村派人精准"。"农村富不富，关键在支部。"选派优秀干部到贫困村担任第一书记，夯实农村基层基础，对改变农村贫困面貌、带领贫困人口脱贫致富，至关重要。第一书记人选，可以从优秀大学生村干部、创业致富能手、复退军人、返乡农民工或各级机关优秀年轻干部、后备干部和国有企事业单位优秀人员中选派。同时，对种养业能手、农村经纪人、专业技术人才、知识型人才给予项目、技术、信息、资金等扶持，精准培育农村致富带头人，使其发挥"领头羊"作用，带动贫困户致富。

*精准衡量脱贫成效。*精准扶贫，目的在于精准脱贫。已脱贫的农户精准有序退出也是非常重要的环节。在这方面，要通过细致调查、群众评议，明确已真正稳定脱贫的户和人，既不能使尚未脱贫的人退出，也不能让已稳定脱贫的人继续"戴帽"。对贫困县而言，一要设定与全面建成小康社会进程相协同的时间表，早建机制、早作规划，实现有序退出；

二要在政策上为其留出一定的缓冲期，进一步培育和巩固自我发展的能力，防止出现大量返贫；三要实行严格评估，按照标准验收，明确摘帽标准和程序，增强脱贫工作绩效的可信度。对贫困户而言，要实行逐户销号，脱贫到人。要对建档立卡的贫困户实行动态管理，脱贫了就销号，返贫户重新建档，做到有进有出，客观真实，群众认可。同样，对已经脱贫销号的家庭，也要追踪观察一段时间，政策上有一定缓冲，做到不稳定脱贫就不彻底脱钩。

第三节

精准扶贫需要把握好的四个问题

打好精准脱贫攻坚战，贵在精准，重在精准，制胜之道也在于精准。长期以来，中国扶贫工作中一直存在贫困人口底数识别不准、具体情况不明、责任落实不到位、扶贫合力未形成、资金投入不足、贫困群体主观能动性不高和分类指导待加强等问题。"谁是真正的贫困户""贫困原因是什么""怎么针对性帮扶""帮扶效果又怎样""脱贫之后如何退出"等一系列问题制约着扶贫开发工作的深入开展。一些真正的贫困人口没有得到帮扶。究其原因，主要在于扶贫对象的精准性、因贫施策的科学性不够。

精准扶贫，正是扶贫工作科学性的体现。精准扶贫的要义，就是"对症下药，药到病除"。2014 年 3 月 7 日，习近平总书记在参加中共十二届全国人大二次会议贵州代表团审议时指出："精准扶贫，就是要对扶贫对象实行精细化管理，对扶贫资源实行精确化配置，对扶贫对象实行精准化扶持，确保扶贫资源真正用在扶贫对象身上、真正用在贫困地区。"2015 年

6月18日，在"部分省区市扶贫攻坚与'十三五'时期经济社会发展座谈会"上，习近平总书记又指出："切实做到精准扶贫。扶贫开发推进到今天这样的程度，贵在精准，重在精准，成败之举在于精准。搞大水漫灌、走马观花、大而化之、手榴弹炸跳蚤不行。"2018年2月12日，习近平总书记在打好精准脱贫攻坚战座谈会上再次强调："坚持精准方略，提高脱贫实效。脱贫攻坚，精准是要义。"要想做到精准，必须进行体制机制创新，健全精准扶贫工作机制，真正解决好"扶持谁""谁来扶""怎么扶""如何退"四个问题。

解决好"扶持谁"的问题。精确识别是精准扶贫的重要前提。扶贫工作要到村到户，首先要了解哪一村贫，哪一户穷，摸清底数、建档立卡，这也被称为精准扶贫的"第一战役"。如果连谁是贫困人口都不知道，扶贫行动从何处发力呢？搞准扶贫对象，一定要进村入户，深入调查研究。贵州省威宁县迤那镇在实践中总结出了"四看法"：一看房、二看粮、三看劳动力强不强、四看家中有没有读书郎。看房，就是通过看农户的居住条件和生活环境，估算其贫困程度；看粮，就是通过看农户的土地情况和生产条件，估算其农业收入和食品支出；看劳动力强不强，就是通过看农户的劳动力状况和有无病残人口，估算其务工收入和医疗支出；看家中有没有读书郎，就是通过看农户受教育程度和在校生现状等，估算其发展潜力和教育支出。"'四看法'实际效果好，在实践中管用，是一个创造，可以在实践中不断完善。在摸清扶贫对象的基础上，要通过建档立卡，对扶贫对象实行规范化管理，做到心中有数，一目了然。"①

中共十八大召开前，中国的扶贫开发对象没有进行建档立卡，只能通过抽样调查推算各省贫困人口总量，各类帮扶措施无法到村到户到人。2014年，通过在全国范围逐村逐户开展贫困识别，对识别出的12.8万个贫困村、2948万贫困户、8962万贫困人口建档立卡，中国基本摸清了全国贫困人口分布、致贫原因、脱贫需求等信息，建立起了全国统一的扶贫开发信息系统。建档立卡后，对建档立卡贫困户进行动态监测管理。按照"脱贫出、返贫进"的原则，以年度为节点，以脱贫目标为依据，逐村逐户建立贫困帮扶档案，及时进行数据更新，做到有进有出、逐年更新、分级管理、动态监测。经过2015年、2016年的"回头看"和2017年、2018年的动态调整，建档立卡贫困识别准确率逐步提升。建档立卡与动态监测管理为中央制定精准扶贫政策措施、实行最严格考核评估制度和保证脱贫质量打下了坚实基础。

精准识别贫困人口是精准施策的前提，只有扶贫对象清楚了，才能因户施策、因人施策。几年来，在解决"扶持谁"的问题上，总结中国各地精准扶贫的实践和探索，有以下四

---

① 《习近平扶贫论述摘编》，中央文献出版社2018年版，第59页。

个方面的经验值得借鉴，即核准底数，精准识别；完善系统，建档立卡；分析原因，明确目标；动态监测，分级管理。

各地区在精准识别、建档立卡过程中也有很多好的做法，在解决"扶持谁"的问题上积累了一些值得借鉴的经验。例如，河北省阜平县推行的"一主四辅、三类五步"工作法。他们的做法是，在识别标准上采用人均可支配收入为主，住房、教育、医疗、社保为辅的"一主四辅"法，按百分制对每项设立不同权重的分值和详细的评分标准以及评分方法。在农户分类上，将识别对象分为贫困户、基本脱贫户、非贫困户三个类别，在识别程序上分信息采集、综合评估、逐级审核、民主评议、公开公示五个步骤。对贫困对象和致贫原因的精准识别，有利于提高扶贫工作的针对性和有效性。

解决好"谁来扶"的问题。 推进脱贫攻坚，关键是责任落实到人。解决好"谁来扶"的问题，加强中国共产党对脱贫攻坚的全面领导，构建扶贫开发责任机制和工作机制至关重要。习近平总书记强调指出："越是进行脱贫攻坚战，越是要加强和改善党的领导。"①

一是从中央到地方，将脱贫攻坚的责任落到实处，形成中央统筹、省（自治区、直辖市）负总责、市（地）县抓落实的扶贫开发工作机制，做到分工明确、责任清晰、任务到人、

---

① 《把脱贫攻坚责任扛在肩上——三论学习贯彻习近平总书记中央扶贫开发工作会议重要讲话》，《人民日报》2015 年 12 月 2 日。

考核到位，既各司其职、各尽其责，又协调运转、协同发力。打赢脱贫攻坚战，对全面建成小康社会、实现"两个一百年"奋斗目标具有十分重要的意义。行百里者半九十。各级党委和政府把打赢脱贫攻坚战作为重大政治任务，强化中央统筹、省负总责、市县抓落实的管理体制，强化党政一把手负总责的领导责任制，明确责任、尽锐出战、狠抓实效。要坚持党中央确定的脱贫攻坚目标和扶贫标准，贯彻精准扶贫精准脱贫基本方略……既不降低标准，也不吊高胃口，确保焦点不散、靶心不变。要聚焦深度贫困地区和特殊贫困群体，确保不漏一村不落一人。①

二是在选派贫困村共产党基层组织（村党支部）第一书记上下功夫。选派优秀干部到贫困村担任第一书记，夯实农村基层基础。近年来中国各地的实践证明，优秀大学生村干部、创业致富能手、复退军人、返乡农民工或各级机关优秀年轻干部、后备干部和国有企事业单位优秀人员等都是第一书记的备选者。例如，河南省兰考县有 115 个贫困村，2014 年抽调 345 名优秀干部入驻贫困村，每个贫困村派驻 3 位驻村队员担任驻村队员和第一书记。县委、县政府对这些驻村队员开展多轮次业务培训，通过选树标兵、分区域排查、逐一"过筛子"考试，确保扶贫政策落实到位，同时强化对工作队政策、资金、生活

---

① 习近平：《真抓实干埋头苦干万众一心　夺取脱贫攻坚战全面胜利》，《人民日报》2018 年 6 月 12 日。

保障，解除后顾之忧，确保驻村工作队员"住得下、干得好、可带富"。2017年2月，兰考县在全国率先脱贫摘帽，驻村队员和第一书记的努力功不可没。同时，大力培育农村致富带头人。通过对贫困地区的种养业能手、农村经纪人、专业技术人才、知识型人才给予项目、技术、信息、资金等方面的扶持，精准培育一大批农村"能人"，发挥他们"领头羊"作用，带动贫困户脱贫致富。

三是广泛动员社会力量投入扶贫济困工作。习近平总书记在2015减贫与发展高层论坛的主旨演讲中指出："我们坚持动员全社会参与，发挥中国制度优势，构建了政府、社会、市场协同推进的大扶贫格局，形成了跨地区、跨部门、跨单位、全社会共同参与的多元主体的社会扶贫体系。"2015年6月18日，习近平总书记在"部分省区市扶贫攻坚与'十三五'时期经济社会发展座谈会"上指出，扶贫开发是全党全社会的共同责任，要动员和凝聚全社会力量广泛参与。[①]"人心齐，泰山移。"多年来，党政军机关、企事业单位围绕定点扶贫做了不少工作，取得了积极成效。目前，专项扶贫、行业扶贫、社会扶贫等多方力量互为支撑，形成了全新的扶贫格局。从各方"单打独斗"到整合资源"握拳出击"，这也是精准扶贫思想的重要体现，动员民营企业、社会组织和公民个人广泛参与

---

① 《习近平扶贫论述摘编》，中央文献出版社2018年版，第99—100页

到扶贫的行列中来，开创了多维联动的社会扶贫新格局。

解决好"怎么扶"的问题。精准扶贫怎么扶？中国共产党提出坚持实事求是原则，具体问题具体分析，运用科学有效手段精准识别扶贫对象，精准分析贫困地区环境和贫困人口具体情况，因地因人施策，因贫困原因施策，因贫困类型施策，通过实施好"五个一批"工程，达到扶贫、脱贫目的。实施"五个一批"工程是精准扶贫的基本途径，有效解决了"怎么扶"的问题。开对了"药方子"，才能拔掉"穷根子"。

一是发展生产脱贫一批。对贫困人口中有劳动能力、有耕地或其他资源，但缺少资金来源、缺少产业支撑、缺少专业技能的贫困地区和贫困人口，把脱贫攻坚重点放在改善生产生活条件上，着重加强基础设施和技术培训、教育医疗等公共服务建设，特别是解决好基础工程项目入村入户的"最后一公里"问题。支持贫困地区农民在本地或外地务工、创业。引导和支持所有有劳动能力的人依靠自己的双手开创美好明天。

农村贫困人口如期脱贫，离不开农业稳定发展和农民收入的持续增长。农业生产稳定发展、劳动生产率稳步提升、农民增收渠道不断拓宽，农业人口转移力度加大，农民的经营性收入、工资性收入和财产性收入日益提高，是推进扶贫开发从"输血"到"造血"，实现精准脱贫的根基。精准安排扶贫项目和建立产业扶贫的带动机制，因地制宜发展特色产业。把扶贫项目与贫困乡镇、贫困村的实际和贫困群众意愿结合起来，把

"造血式"扶贫与"输血式"救济结合起来，把近期脱贫与长远致富结合起来，使近期脱贫与长远致富一脉相承。首先，因地制宜制定产业扶持发展规划。坚持宜农则农、宜游则游、宜商则商，大力发展特色优势产业，培育主导产品，提高特色产业开发效益。其次，促进扶持政策落实到户。对有劳动能力和劳动意愿的扶贫对象，因户施策，采取以奖代补、提供种苗，以及提供信息、技术、服务等方式，有针对性地引导和帮助贫困户发展产业。同时，产业扶贫专项资金，主要用于扶持贫困户能直接参与、直接受益、稳定增收的种植、养殖、农产品加工、服务项目和其他产业项目，加大对贫困村产业基地的基础设施建设投入，发挥产业基地对贫困户的辐射带动作用。构建产业发展带动机制。对建档立卡贫困户统筹安排使用资金，建立产业发展带动机制，奠定牢固的产业发展基础和稳定的脱贫机制保障。重点扶持符合相关条件的农民专业合作社、村集体经济组织、扶贫企业发展扶贫产业，带动贫困户创收增收。积极引导承包土地向专业种养大户、家庭农场、农民合作社、农业龙头企业流转，增加贫困户财产性收入。推行"公司＋合作社（基地）＋贫困户"等模式，提高贫困户的组织化水平，让贫困户从产业发展中获得更多利益。

二是易地搬迁脱贫一批。通过整合相关项目资源、提高补助标准、用好城乡建设用地增减挂钩政策、发放贴息贷款等方式，拓宽资金来源渠道，解决好扶贫移民搬迁所需资金问题。坚持做好规划，合理确定搬迁规模，区分轻重缓急，明确搬迁目标任务和建设时序，按规划、分年度、有计划组织实施。根据当地资源条件和环境承载能力，科学确定安置点，尽量搬迁到县城和交通便利的乡镇级中心村，促进就近就地转移。想方设法为搬迁人口创造就业机会，保障他们有稳定收入，同当地群众享受同等的基本公共服务，确保搬得出、稳得住、能致富。

三是生态补偿脱贫一批。一是加大生态保护修复力度，增加重点生态功能区转移支付，扩大政策实施范围。结合国家生态保护区管理体制改革，让有劳动能力的贫困人口就地转成护林员等生态保护人员，用生态补偿和生态保护工程资金的一部分作为其劳动报酬。二是加大贫困地区新一轮退耕还林还草范围，合理调整基本农田保有指标。

★ **金句选读**

脱贫攻坚工作进入目前阶段，要重点研究解决深度贫困问题。实施整村搬迁，要规划先行，尊重群众意愿，统筹解决好人往哪里搬、钱从哪里筹、地在哪里划、房屋如何建、收入如何增、生态如何护、新村如何管等具体问题。

——习近平：在山西考察工作时的讲话（2017 年 6 月 21 日—23 日），《人民日报》2017 年 6 月 24 日四是发展教育脱贫一批。授人以鱼，不如授人以渔。治贫先治愚，扶贫先扶智，让贫困地区的孩子们接受良好教育，是扶贫开发的重要任务，也是阻断贫困代际传递的治本之策。其一，重点做好职业教育培训，使贫困家庭的子女通过接受职业教育掌握一技之长，促进劳动力就业创业。其二，帮助贫困地区改善办学条件，推进农村中小学校标准化和寄宿制学校建设，加强贫困地区教师队伍建设。为贫困地区乡村学校定向培养一专多能教师，制定符合基层实际的教师招聘引进办法，建立省级统筹乡村教师补充机制，推动城乡教师合理流动和对口支援。全面落实集中连片特困地区乡村教师生活补助政策。其三，探索率先从建档立卡的贫困家庭学生开始实施普通高中教育免学杂费，落实中等职业教育免学杂费政策。加大对贫困学生的资助力度，完善资助方式。其四，对农村贫困家庭幼儿特别是留守儿童给予特殊关爱，探索建立贫困地区学前儿童教育公共服务体系。

　　五是社会保障兜底一批。聚焦特殊贫困人口精准发力，加快织密筑牢民生保障安全网，把没有劳动能力的老弱病残等特殊贫困人口的基本生活兜起来，强化保障性扶贫。[①]统筹协调农村扶贫标准和农村低保标准，按照国家扶贫标准综合确定各地农村低保的最低指导标准，低保标准低的

① 《习近平扶贫论述摘编》，中央文献出版社 2018 年版，第 82 页。

地区要逐步提高到国家扶贫标准，实现"两线合一"。此外，进一步加大其他形式的社会救助力度，加强农村最低生活保障和城乡居民养老保险、"五保"供养等社会救助制度的统筹衔接。同时，大力加强医疗保险和医疗救助。建立健全医疗保险和医疗救助制度，对因病致贫或因病返贫的群众给予及时有效的救助。新型农村合作医疗、大病保险政策、门诊统筹和财政补贴都向贫困人口倾斜。加大医疗救助、临时救助、慈善救助等帮扶力度，使重特大疾病救助覆盖全部贫困人口。实施健康扶贫工程，加强贫困地区传染病、地方病、慢性病防治工作，全面实施贫困地区重大公共卫生项目，保障贫困人口享有基本医疗卫生服务。

"五个一批"工程是中国共产党在实际工作中不断探索得出的精准扶贫的基本途径，由此形成关于精准扶贫的方法论，对贫困地区、贫困户因地制宜、因人制宜进行精准施策，实现精准脱贫具有重要指导意义和价值。

解决好"如何退"的问题。精准扶贫，目的在于精准脱贫。已脱贫的农户精准有序退出也是非常重要的环节。在这方面，通过细致调查、群众评议，明确已真正稳定脱贫的户和人，既不能使尚未脱贫的人退出，也不能让已稳定脱贫的人继续"戴帽"。建立贫困户脱贫和贫困县摘帽评估机制，明确退出标准、程序、核查办法和后续扶持政策，是解决好"如何退"问题的关键。对贫困县摘帽、贫困人口退出组织第三方评估，重点了解贫困人口识别和退出准确率、群众满意度等，确保脱贫结果真实。

一是要设定时间表，实现有序退出。中国将贫困县摘帽和全面建成小康社会进程对表，建机制、做规划，做到心中有数。

二是留出缓冲期，在一定时间内实行摘帽不摘政策。贫困县的帽子不好看，但很多地方却舍不得摘，主要是担心摘帽后享受不到相关政策扶持。这样的担心有其合理成分。客观上讲，贫困县摘帽后培育和巩固自我发展能力需要有个过程。这就需要扶上马、送一程，保证贫困县摘帽后各方面扶持政策能够继续执行一段时间。因此，中国坚持行业规划、年度计划继续向刚摘帽贫困县倾斜，专项扶贫资金项目和对口帮扶等也对刚摘帽贫困县继续保留。不仅如此，对提前摘帽的贫困县，还考虑给予奖励，以形成正向激励，保证苦干实干先摘帽的不吃亏。

三是实行严格评估，按照摘帽标准验收。鼓励贫困县摘帽，但不能弄虚作假、蒙混过关，或者降低扶贫标准、为摘帽而摘帽。严格脱贫验收办法，明确摘帽标准和程序，确保摘帽结果经得起检验。加强对脱贫工作绩效的社会监督，鼓励当地群众参与评价，建立第三方评估机制，增强脱贫工作绩效的可信度。对玩数字游戏、搞"数字扶贫"的，一经查实，严肃追责。

四是实行逐户销号，做到脱贫到人。对建档立卡的贫困户实行动态管理，脱贫了的逐户销号，返贫了的重新录入，做到政策到户、脱贫到人、有进有出，保证各级减贫任务和建档立卡数据对得上、扶贫政策及时调整、扶贫力量进一步聚焦。中国坚持脱没脱贫，同群众一起算账，要群众认账。对贫困户的帮扶措施，即使销号了也再保留一段时间，做到不稳定脱贫就不彻底脱钩。[1]

---

① 习近平：《在中央扶贫开发工作会议上的讲话》（2015 年 11 月 27 日），《十八大以来重要文献选编》（下），中央文献出版社 2018 年版，第 44—45 页。

第四节

精准扶贫贵在体制机制创新

中国扶贫开发已经进入攻坚阶段，实现 2020 年消灭农村贫困人口（现行标准下）、贫困县全部摘帽的既定目标，贵在进一步创新实施精准扶贫精准脱贫，探索实施精准扶贫的新体系、新模式、新机制。

建立多元参与的精准扶贫工作体系。在精准扶贫的参与主体上，坚持政府主导、多元参与，努力实现各类扶贫资源与精准扶贫需求的有效对接，提升精准扶贫的工作成效。一是增强和发挥政府在精准扶贫工作中的主导作用。强化政府扶贫脱贫责任，将政府保基本的着力点放在帮助贫困地区、贫困人口脱贫上，建立健全资源、资金投入的长效机制，推动资源均衡配置，着力解决扶贫和基本公共服务的"最后一公里"问题。在政府财政收入增速放缓、支出压力趋大的情况下，确保扶贫和基本公共服务支出。多管齐下，创造条件引导社会力量参与扶贫开发工作。二是支持和鼓励社会机构和涉农机构参与扶贫开发。通过制度建设保证企业和个人参与扶贫开发工作的积极性，特别是着力扶持一批农业行业协会和农业合作社，进一步发挥农村社会组织的示范带动作用，增强吸引社会资源参与精准扶贫精准脱贫工作。通过培育、鼓励社会机构和涉农机构参与精准扶贫工作，进一步丰富基本公共服务供给的主体。三是引导和支持贫困群体平等参与扶贫开发。在扶贫开发工作实际中，政府以往比较多地采用"保姆式扶贫"和"越俎代庖式扶贫"的管理服务方式，实际上无益于贫困户发挥主观能动性，一定程度上还助长了"等、靠、要"的心理。当前，中国重点是引导贫困户与政府、企业、社会组织协同行动。"眼睛向下"，政府与企业、大户、贫困户共同商讨确定扶贫项目，建立与贫困户自身能力相适应的项目规模和扶持标准。通过建立政府、企业、社会组织、贫困群体协同行动机制，使扶贫决策更加科学化和更具参与性，使扶贫成效评估更具开放性。建立贫困人群参与精准扶贫工作的机制，不但让困难群体成为公共服务的受益者，也鼓励他们成为公共服务的提供者。

此外，各地还根据精准扶贫工作实际，加大了对扶贫专业队伍和专业机构的培育力度。当前，中国重点依托各级党校（行政学院）、干部院校和高校，针对精准扶贫中的重点和难点问题，开设专题培训班，开展专项技能培训，努力提高扶贫队伍和脱贫大户的专业技能，帮助贫困地区尽快摆脱贫困现状。比如，根据中央安排，中共中央党校（国家行政学院）对口帮扶河北的武邑县，江西的安远县和云南的大关县、墨江县，结合三省四县的实际需求和中共中央党校（国家行政学院）职能定位和优势，按照"扶贫先扶智"的理念，一方面，中央党校（国家行政学院）每年选派高水平的师资队伍，赴当地讲课，另一方面，每年为当地举办多期专题培训班，邀请当地干部和致富能手到学院参加培训，当地干部群众反响热烈。

建立运作有序的精准扶贫工作模式。实施精准扶贫战略能有效推动基本公共服务均等化，推动精准扶贫制度标准化、精准扶贫手段现代化、精准扶贫评估外部化，是当前做好精准扶贫工作的关键所在。一是推行精准扶贫标准化。将标准化融入精准扶贫思想中，是精准扶贫工作的补充与探索。做到扶贫数据定量标准化，扎扎实实将涉贫的各个环节数据化，用科学的数据引导精准扶贫工作。做到扶贫模式推广标准化，不断探索和总结扶贫工作经验，努力将共性的扶贫模式进行复制推广。做到扶贫工作时效标准化，设定长短结合的目标体系，推动阶段性目标逐一实现。二是推行精准扶贫现代化。充分发挥互联网、大数据、云计算等信息技术在精准扶贫工作中的重要作用，实现扶贫脱贫全流程的信息化。将大数据技术应用到对扶贫数据的观测、分析和对比上，确保扶贫政策和措施精准落地。实施"互联网＋产业扶贫"工程，通过实施电商扶贫，将贫困地区的生态、资源、文化优势积极向外推介，为形成城乡对接新格局打下基础。利用"互联网＋"开展金融精准扶贫，为有需求的农民及时提供网上信贷服务。着力打造网上为民服务大厅，向广大农民提供各种惠农服务信息和网上办事服务。三是推行精准扶贫外部化。根据中央精神引入第三方评估，委托有关科研机构和社会组织，采取专项调查、抽样调查和实地核查等方式，对相关考核指标进行评估，使各项脱贫数据更加可靠、更加公正。通过实施第三方评估机制，以评促改，以评促建，加大社会对精准扶贫和基本公共服务均等化的监督力度，确保精准扶贫和公共服务质量提到提升。

建立资金统筹使用的精准扶贫工作机制。一是建立健全扶贫和涉农资金统筹机制。要求贫困地区统筹整合使用财政扶贫和涉农资金，健全统筹整合平台，形成"政府领导、财政牵头、部门实施、共同配合"的领导协调机制。从政策上支撑扶贫资金"打捆使用"，特别是在下达各类扶贫、涉农财政资金时，瞄准农村公共服务短板发力，进一步提高公共服务供给质量，确保资金能够发挥最大使用效益。二是推行扶贫和涉农资金统筹使用公开公示制度。要求贫困地区通过本地政府门户网站、主要媒体、微博微信等新媒体公开统筹整合使用的扶贫及涉农资金来源、用途、项目建设和实施效果等情况，探索实行扶贫项目行政村公示制度，主动接受社会监督，确保资金投向正确。三是建立扶贫和涉农资金统筹利用综合考核体系。各级扶贫开发领导机构依据年度脱贫攻坚任务、资金统筹整合使用方案，对下级政府或部门开展扶贫脱贫任务进行考核和绩效评价，探索改部门单独考核为部门联动考核，确保部门放权不抽身、资金监管不缺位。把提升基本公共服务质量和水平为绩效考核的主要内容。对工作成效好、资金使用效益高的，给予奖励支持；对不作为、乱作为的，严肃追究相关人员责任。此外，探索建立了金融扶贫引导机制。加快农村征信体系建设，着力建立共享的、动态的、多维的征信信息化平台，为金融机构准确把握农户信贷需求与资信状况，据此精准定向帮扶贫困农户提供支撑。

第五章

减贫路径贡献：中国脱贫攻坚聚焦补短板惠民生

中国共产党和中国政府坚持精准扶贫精准脱贫基本方略，坚持扶贫同扶志扶智相结合，坚持开发式扶贫和保障性扶贫相统筹，结合致贫原因和各地实际，创造性提出产业扶贫、就业扶贫、易地扶贫、生态扶贫、教育扶贫、健康扶贫、综合保障性扶贫等丰富多样、效果明显的扶贫方式，确保扶贫成果惠民，让贫困群众不断增强获得感、幸福感、安全感。中国的减贫之路为世界减贫提供了可借鉴的路径。

第一节

加强贫困地区基础设施建设

加强贫困地区基础设施建设，是实现农村脱贫和推进乡村全面振兴工作大局中的基础性工程。中共十八大以来，中国农村基础设施建设成效显著，特别是通过"四好农村路"建设、农村饮水安全工程、农村厕所革命等重点工作，实现了绝大多数自然村通公路、通电、通电话，自来水、天然气、宽带网络等生活设施进入农村的新气象，打造出不少田园风光与现代文明交相辉映的新农村社区，大大提升了农民群众的获得感、幸福感、安全感。应该说，经过多年的努力，贫困地区的基础设施有了很大的改善，影响贫困地区发展的基础设施短板持续被补齐。

补齐农村基础设施短板，工作多、难度大、周期长，是农村民生工程的重中之重。多年来，各级干部和广大农民真抓实干、久久为功，逐步建立起全域覆盖、普惠共享、城乡一体的基础设施服务网络，并形成了加强贫困地区基础设施建设的基本思路。一是坚持先规划后建设的原则。农村基础设施建设投入大、周期长、影响广，坚持先进行科学规划再开展项目实施，杜绝建设性破坏、贪大求洋、"翻烧饼"等现象。同时，将规划放在乡村全面振兴和城乡融合发展的大局中进行设计，通盘考虑土地利用、产业发展、居民点布局、人居环境整治、生态保护和历史文化传承，务求多规合一、实用适用，推进城乡基础设施互联互通。二是创新多元投入的机制。农村基础设施建设不能只靠敲锣打鼓，必须有真金白银的投入。有关部门积极给予财政支持，通过机制创新提高财政资金使用效能。一方面算好"整合账"，统筹安排财政资金的分配使用，重点支持需要优先发展的领域，避免"撒胡椒面"；另一方面念好"撬动经"，积极创新投入方式，引导和鼓励社会资本投入农村基础设施项目建设和后续管护服务。三是明确循序渐进的基调。农村基础设施建设不会一口吃成个胖子，须遵循先抓重点工程，再向外延伸，先搞好硬件，再完善软件的思路；既要有突破精神、提高建设效率，又要有历史耐心、确保建设质量，一步一个脚印地扎实推进。

*加快实施交通扶贫行动。*在贫困地区逐步建成外通内联、通村畅乡、客车到村、安全便捷的交通运输网络。实现具备条件的乡镇、建制村通硬化路。以示范县为载体，推进贫困地区"四好农村路"建设。扩大农村客运覆盖范围，到 2020 年实现具备条件的建制村通客车目标。加快贫困地区农村公路安全生命防护工程建设，基本完成乡道及以上行政等级公路安全隐患治

理。推进窄路基路面农村公路合理加宽改造和危桥改造。改造建设一批贫困乡村旅游路、产业路、资源路,优先改善自然人文、少数民族特色村寨和风情小镇等旅游景点景区交通设施。加大成品油税费改革转移支付用于贫困地区农村公路养护力度。推进国家铁路网、国家高速公路网连接贫困地区项目建设,加快贫困地区普通国省道改造和支线机场、通用机场、内河航道建设。

大力推进水利扶贫行动。 加快实施贫困地区农村饮水安全巩固提升工程,落实工程建设和管护责任,强化水源保护和水质保障,因地制宜加强供水工程建设与改造,显著提高农村集中供水率、自来水普及率、供水保证率和水质达标率,确保到 2020 年全面解决贫困人口饮水安全问题。加快贫困地区大中型灌区续建配套与节水改造、小型农田水利工程建设,实现灌溉水源、灌排骨干工程与田间工程协调配套。切实加强贫困地区防洪工程建设和运行管理。继续推进贫困地区水土保持和水生态建设工程。

大力实施电力和网络扶贫行动。 实施贫困地区农网改造升级,加强电力基础设施建设,建立贫困地区电力普遍服务监测评价体系,引导电网企业做好贫困地区农村电力建设管理和供电服务,确保到 2020 年实现大电网延伸覆盖至全部县城。大力推进贫困地区农村可再生能源开发利用。深入实施网络扶贫行动,统筹推进网络覆盖、农村电商、网络扶智、信息服务、网络公

益五大工程向纵深发展，创新"互联网＋扶贫"模式。完善电信普遍服务补偿机制，引导基础电信企业加大投资力度，实现90％以上贫困村宽带网络覆盖。鼓励基础电信企业针对贫困地区和贫困群众推出资费优惠举措，鼓励企业开发有助于精准脱贫的移动应用软件、智能终端。

*大力推进贫困地区农村人居环境整治。*开展贫困地区农村人居环境整治三年行动，因地制宜确定贫困地区村庄人居环境整治目标，重点推进农村生活垃圾治理、卫生厕所改造。开展贫困地区农村生活垃圾治理专项行动，有条件的地方探索建立村庄保洁制度。因地制宜普及不同类型的卫生厕所，同步开展厕所粪污治理。有条件的地方逐步开展生活污水治理。加快推进通村组道路建设，基本解决村内道路泥泞、村民出行不便等问题。

加大贫困地区生态环境保护

　　贫困地区大多分布在生态脆弱地区、重点生态功能区等在地理空间上高度重叠的一些集中连片特困地区。这些地区生态环境保护与减贫任务繁重，如何在既保护好生态环境的同时又实现贫困人口全面脱贫，是一个无法回避的重要课题。近年来，生态扶贫作为精准扶贫的重要方式被中国政府予以高度重视。2018 年 1 月 18 日，国家发展改革委、国务院扶贫办等六部门联合印发了《生态扶贫工作方案》，部署发挥生态保护在精准扶贫、精准脱贫中的作用，要求牢固树立和践行"绿水青山就是金山银山"的理念，把精准扶贫、精准脱贫作为基本方略，坚持扶贫开发与生态保护并重，采取超常规举措，通过实施重大生态工程建设、加大生态补偿力度、大力发展生态产业、创新生态扶贫方式等，切实加大对贫困地区、贫困人口的支持力度，推动贫困地区扶贫开发与生态保护相协调、脱贫致富与可持续发展相促进，使贫困人口从生态保护与修复中得到更多实惠，实现脱贫攻坚与生态文明建设"双赢"。

*加强重大生态工程建设。*中国政府加强贫困地区生态保护与修复，在各类重大生态工程项目和资金安排上进一步向贫困地区倾斜，组织动员贫困人口参与重大生态工程建设，提高贫困人口受益程度。

一是实施退耕还林还草工程。调整贫困地区25度以上陡坡耕地基本农田保有指标，加大贫困地区新一轮退耕还林还草力度。新增退耕还林还草任务向中西部22个省（区、市）倾斜，省（区、市）优先支持有需求的贫困县，特别是深度贫困地区；各贫困县优先安排给符合条件的贫困人口。在树种、草种选择上，指导贫困户发展具有较好经济效益且适应当地种植条件的经济林种、草种，促使贫困户得到长期稳定收益，巩固脱贫成果。确保2020年底前，贫困县符合现行退耕政策且有退耕意愿的耕地全部完成退耕还林还草。

二是实施退牧还草工程。在内蒙古、陕西、宁夏、新疆、甘肃、四川、云南、青海、西藏、贵州等省（区）及新疆生产建设兵团符合条件的贫困县实施退牧还草工程，根据退牧还草工程区贫困农牧民需求，在具备条件的县适当增加舍饲棚圈和人工饲草地年度任务规模。

三是实施青海三江源生态保护和建设二期工程。深入推进三江源地区森林、草原、荒漠、湿地与湖泊生态系统保护和建设，加大黑土滩等退化草地治理，完成黑土滩治理面积220余万亩，有效提高草地生产力。为从事畜牧业生产的牧户配套建设牲畜暖棚和贮草棚，改善生产条件。通过发展高原生态有机畜牧业，促进牧民增收。

四是实施京津风沙源治理工程。推进工程范围内 53 个贫困县（旗）的林草植被保护修复和重点区域沙化土地治理，提高现有植被质量和覆盖率，遏制局部区域流沙侵蚀，安排营造林 315 万亩、工程固沙 6 万亩，吸纳贫困人口参与工程建设。

五是实施天然林资源保护工程。以长江上游、黄河上中游为重点，加大对贫困地区天然林资源保护工程建设支持力度。支持依法通过购买服务开展公益林管护，为贫困人口创造更多的就业机会。

六是实施"三北"等防护林体系建设工程。优先安排"三北"、长江、珠江、沿海、太行山等防护林体系建设工程范围内 226 个贫困县的建设任务，加大森林经营力度，推进退化林修复，完成营造林 1000 万亩。加强国家储备林建设，积极利用金融等社会资本，重点在南方光热水土条件较好、森林资源较为丰富、集中连片贫困区域，发展 1000 万亩国家储备林。

七是实施水土保持重点工程。加大长江和黄河上中游、西南岩溶区、东北黑土区等重点区域水土流失治理力度，对纳入相关规划的水土流失严重贫困县，加大政策和项目倾斜力度，加快推进坡耕地、侵蚀沟治理和小流域综合治理。在综合治理水土流失的同时，培育经济林果和特色产业，实施生态修复，促进项目区生态经济良性循环，改善项目区农业生产生活条件。

八是实施石漠化综合治理工程。坚持"治石与治贫"相结合，重点支持滇桂黔石漠化区、滇西边境山区、乌蒙山区和武陵山区等贫困地区 146 个重点县的石漠化治理工程，采取封山育林育草、人工造林、森林抚育、小流域综合治理等多种措施，完成岩溶治理面积 1.8 万平方公里。

★ **金句选读**

　　增进民生福祉是发展的根本目的。必须多谋民生之利、多解民生之忧，在发展中补齐民生短板、促进社会公平正义，在幼有所育、学有所教、劳有所得、病有所医、老有所养、住有所居、弱有所扶上不断取得新进展，深入开展脱贫攻坚，保证全体人民在共建共享发展中有更多获得感，不断促进人的全面发展、全体人民共同富裕。

　　——习近平：《决胜全面建成小康社会，夺取新时代中国特色社会主义伟大胜利》（2017 年 10 月 18 日），人民出版社单行本，第 23 页

九是实施沙化土地封禁保护区建设工程。在内蒙古、西藏、陕西、甘肃、青海、宁夏、新疆等省（区）及新疆生产建设兵团的贫困地区推进沙化土地封禁保护区建设，优先将贫困县 498 万亩适宜沙地纳入工程范围，实行严格的封禁保护。加大深度贫困地区全国防沙治沙综合示范区建设，提升贫困地区防风固沙能力。

十是实施湿地保护与恢复工程。在贫困地区的国际重要湿地、国家级湿地自然保护区，实施一批湿地保护修复重大工程，提升贫困地区涵养水源、蓄洪防涝、净化水质的能力。支持贫困县实施湿地保护与恢复、湿地生态效益补偿、退耕还湿试点等项目，完善湿地保护体系。

十一是实施农牧交错带已垦草原综合治理工程。统筹推进农牧交错带已垦草原治理工程，加大向贫困地区倾斜力度，通过发展人工种草，提高治理区植被覆盖率，建设旱作优质饲草基地，结合饲草播种、加工机械的农机购置补贴，引导和支持贫困地区发展草食畜牧业，在实现草原生态恢复的同时，促进畜牧业提质增效。

*加大生态保护补偿力度。*中国政府不断完善转移支付制度，探索建立多元化生态保护补偿机制，逐步扩大贫困地区和贫困人口生态补偿受益程度。

一是增加重点生态功能区转移支付。中央财政加大对国家重点生态功能区中的贫困县，特别是"三区三州"等深度贫困地区的转移支付力度，扩大政策实施范围，完善补助办法，逐步加大对重点生态功能区生态保护与恢复的支持力度。

二是不断完善森林生态效益补偿补助机制。健全各级财政森林生态效益补偿补助标准动态调整机制，调动森林保护相关利益主体的积极性，完善森林生态效益补偿补助政策，推动补偿标准更加科学合理。抓好森林生态效益补偿资金监管，保障贫困群众的切身利益。

三是实施新一轮草原生态保护补助奖励政策。在内蒙古、西藏、新疆、青海、四川、甘肃、云南、宁夏、黑龙江、吉林、辽宁、河北、山西和新疆生产建设兵团的牧区半牧区县实施草原生态保护补助奖励政策，及时足额向牧民发放禁牧补助和草畜平衡奖励资金。

四是开展生态综合补偿试点。以国家重点生态功能区中的贫困县为主体，整合转移支付、横向补偿和市场化补偿等渠道资金，结合当地实际建立生态综合补偿制度，健全有效的监测评估考核体系，把生态补偿资金支付与生态保护成效紧密结合起来，让贫困地区农牧民在参与生态保护中获得应有的补偿。

大力发展生态产业。 中国注重依托和发挥贫困地区生态资源禀赋优势，选择与生态保护紧密结合、市场相对稳定的特色产业，将资源优势有效转化为产业优势、经济优势。支持贫困地区创建特色农产品优势区，在国家级特优区评定时，对脱贫攻坚任务重、带动农民增收效果突出的贫困地区适当倾斜。引导贫困县拓宽投融资渠道，落实资金整合政策，强化金融保险服务，着力提高特色产业抗风险能力。培育壮大生态产业，促进一二三产业融合发展，通过入股分红、订单帮扶、合作经营、劳动就业等多种形式，建立产业化龙头企业、新型经营主体与贫困人口的紧密利益联结机制，拓宽贫困人口增收渠道。

一是发展生态旅游业。健全生态旅游开发与生态资源保护衔接机制，加大生态旅游扶贫的指导和扶持力度，依法加强自然保护区、森林公园、湿地公园、沙漠公园、草原等旅游配套设施建设，完善生态旅游行业标准，建立健全消防安全、环境保护等监管规范。积极打造多元化的生态旅游产品，推进生态与旅游、教育、文化、康养等产业深度融合，大力发展生态旅游体验、生态科考、生态康养等，倡导智慧旅游、低碳旅游。引导贫困人口由分散的个体经营向规模化经营发展，为贫困人口兴办森林（草原）人家、从事土特产销售和运输提供便利服务。扩大与旅游相关的种植业、养殖业和手工业发展，促进贫困人口脱贫增收。在贫困地区打造具有较高知名度的精品森林旅游地、精品森林旅游线路、森林特色小镇、全国森林体验和森林养生试点基地等，依托森林旅游实现贫困人口增收。

二是发展特色林产业。在保证生态效益的前提下，积极发展适合在贫困地区种植、市场需求旺盛、经济价值较高的木本油料、特色林果、速丰林、竹藤、花卉等产业。建设林特产品标准化生产基地，推广标准化生产技术，促进特色林产业提质增效，因地制宜发展贫困地区区域特色林产业，做大产业规模，加强专业化经营管理。以发展具有地方和民族特点的林特产品初加工和精深加工为重点，延长产业链，完善仓储物流设施，提升综合效益。充分发挥品牌引领作用，支持龙头企业发展企业品牌，提高特色品牌的知名度和美誉度，扩大消费市场容量。为深度贫困地区特色林产品搭建展销平台，充分利用电商平台、线上线下融合、"互联网＋"等各种新兴手段，加大林特产品市场推介力度。

三是发展特色种养业。立足资源环境承载力，充分发挥贫困地区湖泊水库、森林、草原等生态资源优势，积极发展林下经济，推进农林复合经营。大力发展林下中药材种植、特色经济作物种植、野生动植物繁（培）育利用、林下养殖、高产饲草种植、草食畜牧业、特色水产养殖业等产业，积极推进种养结合，促进循环发展。加快发展农林产品加工业，积极发展农产品电子商务，打造一批各具特色的种养业示范基地。

*创新对贫困地区的支持方式。*一是开展生态搬迁试点。结合建立国家公园体制，多渠道筹措资金，对居住在生态核心区的居民实施生态搬迁，恢复迁出区原始生态环境，帮助贫困群众稳定脱贫。按照"先行试点、逐步推开"的原则，在祁连山国家公园体制试点（甘肃片区）核心保护区先行开展生态搬迁试点，支持搬迁群众安置住房建设（购买）、后续产业发展和转移就业安排、迁出区生态保护修复等。在及时总结可复制可推广经验做法的基础上，采取"一事一议"的办法稳步推开。

二是创新资源利用方式。推进森林资源有序流转，推广经济林木所有权、林地经营权等新型林权抵押贷款改革，拓宽贫困人口增收渠道。地方可自主探索通过赎买、置换等方式，将国家级和省级自然保护区、国家森林公园等重点生态区范围内禁采伐的非国有商品林调整为公益林，实现社会得绿、贫困人口得利。推进贫困地区农村集体产权制度改革，保障农民财产权益，将贫困地区符合条件的农村土地资源、集体所有森林资源，通过多种方式转变为企业、合作社或其他经济组织的股权，推动贫困村资产股份化、土地使用权股权化，盘活农村资源资产资金。

三是推广生态脱贫成功样板。积极探索通过生态保护、生态修复、生态搬迁、生态产业发展、生态乡村建设带动贫困人口精准脱贫增收的模式，研究深度贫困地区生态脱贫组织形式、利益联结机制、多业增收等措施和政策，及时总结提炼好的经验模式，打造深度贫困地区生态脱贫样板，积极推广好经验、好做法，在脱贫攻坚中更好地保护生态环境，帮助贫困群众实现稳定脱贫。

四是规范管理生态管护岗位。研究制定生态管护员制度，规范生态管护员的选聘程序、管护范围、工作职责、权利义务等，加强队伍建设，提升生态资源管护能力。加强生态管护员上岗培训，提升其业务水平和安全意识。逐步加大贫困人口生态管护员选聘规模，重点向深度贫困地区、重点生态功能区及大江大河源头倾斜。坚持强化"县建、乡管、村用"的管理机制，对贫困程度较深、少数民族、退伍军人家庭予以优先考虑。

五是探索碳交易补偿方式。结合全国碳排放权交易市场建设，积极推动清洁发展机制和温室气体自愿减排交易机制改革，研究支持林业碳汇项目获取碳减排补偿，加大对贫困地区的支持力度。

第三节

推进贫困地区特色产业发展

2016 年 7 月，习近平总书记在宁夏固原考察工作时强调，发展产业是实现脱贫的根本之策，要把培育产业作为推动脱贫攻坚的根本出路。2017 年春节前夕，习近平总书记在河北省张家口市看望慰问基层干部群众时提出，要把发展生产扶贫作为主攻方向，努力做到户户有增收项目、人人有脱贫门路。《中共中央　国务院关于实施乡村振兴战略的意见》明确指出，脱贫攻坚应"对有劳动能力的贫困人口，强化产业和就业扶持，着力做好产销衔接、劳务对接，实现稳定脱贫"。应该说，产业扶贫是贫困地区探索脱贫致富的内生行动，各类产业扶贫工程通过村庄直达贫困户，并与土地、资本和劳动力等生产要素有机结合起来，既是变"输血式扶贫"为"造血式扶贫"的关键路径，也是彻底消除致贫因素、降低脆弱性、增强抗逆力、预防返贫的根本保障。

农林产业扶贫。一是优化发展种植业。在粮食主产县，大规模建设集中连片、旱涝保收、稳产高产、生态友好的高标准

农田，巩固提升粮食生产能力。在非粮食主产县，大力调整种植结构，重点发展适合当地气候特点、经济效益好、市场潜力大的品种，建设一批贫困人口参与度高、受益率高的种植基地，大力发展设施农业，积极支持园艺作物标准化创建。适度发展高附加值的特色种植业。生态退化地区要坚持生态优先，发展低耗水、有利于生态环境恢复的特色作物种植，实现种地养地相结合。

二是积极发展养殖业。因地制宜在贫困地区发展适度规模标准化养殖，加强动物疫病防控工作，建立健全畜禽水产良种繁育体系，加强地方品种保护与利用，发展地方特色畜牧业。通过实施退牧还草等工程和草原生态保护补助奖励政策，提高饲草供给能力和质量，大力发展草食畜牧业，坚持草畜平衡。积极推广适合贫困地区发展的农牧结合、粮草兼顾、生态循环种养模式。有序发展健康水产养殖业，加快池塘标准化改造，推进稻田综合种养工程，积极发展环保型养殖方式，打造区域特色水产生态养殖品牌。

三是大力发展林产业。结合国家生态建设工程，培育一批兼具生态和经济效益的特色林产业。因地制宜大力推进木本油料、特色林果、林下经济、竹藤、花卉等产业发展，打造一批特色示范基地，带动贫困人口脱贫致富。着力提高木本油料生产加工水平，扶持发展以干鲜果品、竹藤、速生丰产林、松脂等为原料的林产品加工业。

四是促进产业融合发展。深度挖掘农业多种功能，培育壮大新产业、新业态，推进农业与旅游、文化、健康养老等产业深度融合，加快形成农村一二三产业融合发展的现代产业体系。积极发展特色农产品加工业，鼓励地方扩大贫困地区农产品产地初加工补助政策实施区域，加强农产品加工技术研发、引进、示范和推广。引导农产品加工业向贫困地区县域、重点乡镇和产业园区集中，打造产业集群。推动农产品批发市场、产地集配中心等流通基础设施以及鲜活农产品冷链物流设施建设，促进跨区域农产品产销衔接。加快实施农业品牌战略，积极培育品牌特色农产品，促进供需结构升级。加快发展无公害农产品、绿色食品、有机农产品和地理标志农产品。

五是扶持培育新型经营主体。培育壮大贫困地区农民专业合作社、龙头企业、种养大户、家庭农（林）场、股份制农（林）场等新型经营主体，支持发展产供直销，鼓励采取订单帮扶模式对贫困户开展定向帮扶，提供全产业链服务。支持各类新型经营主体通过土地托管、土地流转、订单农业、牲畜托养、土地经营权股份合作等方式，与贫困村、贫困户建立稳定的利益联结机制，使贫困户从中直接受益。鼓励贫困地区各类企业开展农业对外合作，提升经营管理水平，扩大农产品出口。推进贫困地区农民专业合作社示范社创建，鼓励组建联合社。现代青年农场主培养计划向贫困地区倾斜。

六是加大农林技术推广和培训力度。强化贫困地区基层农业技术推广体系建设。鼓励科研机构和企业加强对地方特色动植物资源、优良品种的保护和开发利用。支持农业科研机构、技术推广机构建立互联网信息帮扶平台，向贫困户免费传授技术、提供信息。强化新型职业农民培育，扩大贫困地区培训覆盖面，实施农村实用人才带头人和大学生村干部示范培训，加大对脱贫致富带头人、驻村工作队和大学生村干部培养力度。对农村贫困家庭劳动力进行农林技术培训，确保有劳动力的贫困户中至少有一名成员掌握一项实用技术。

*旅游扶贫。*一是因地制宜发展乡村旅游。开展贫困村旅游资源普查和旅游扶贫摸底调查，建立乡村旅游扶贫工程重点村名录。以具备发展乡村旅游条件的建档立卡贫困村为乡村旅游扶贫重点，推进旅游基础设施建设，实施乡村"旅游后备箱"工程、旅游基础设施提升工程等一批旅游扶贫重点工程，打造精品旅游线路，推动游客资源共享。安排贫困人口旅游服务能力培训和就业。

二是大力发展休闲农业。依托贫困地区特色农产品、农事景观及人文景观等资源，积极发展带动贫困人口增收的休闲农业和森林休闲健康养生产业。实施休闲农业和乡村旅游提升工程，加强休闲农业聚集村、休闲农业园等配套服务设施建设，培育扶持休闲农业新型经营主体，促进农业与旅游观光、健康养老等产业深度融合。引导和支持社会资本开发农民参与度高、受益面广的休闲农业项目。

三是积极发展特色文化旅游。打造一批辐射带动贫困人口就业增收的风景名胜区、特色小镇，实施特色民族村镇和传统村落、历史文化名镇名村保护与发展工程。依托当地民族特色文化、红色文化、乡土文化和非物质文化遗产，大力发展贫困人口参与并受益的传统文化展示表演与体验活动等乡村文化旅游。开展非物质文化遗产生产性保护，鼓励民族传统工艺传承发展和产品生产销售。坚持创意开发，推出具有地方特点的旅游商品和纪念品。支持农村贫困家庭妇女发展家庭手工旅游产品。

电商扶贫。一是培育电子商务市场主体。将农村电子商务作为精准扶贫的重要载体，把电子商务纳入扶贫开发工作体系，以建档立卡贫困村为工作重点，提升贫困户运用电子商务创业增收的能力。依托农村现有组织资源，积极培育农村电子商务市场主体。发挥大型电商企业孵化带动作用，支持有意愿的贫困户和带动贫困户的农民专业合作社开办网上商店，鼓励引导电商和电商平台企业开辟特色农产品网上销售平台，与合作社、种养大户建立直采直供关系。加快物流配送体系建设，鼓励邮政、供销合作等系统在贫困乡村建立和改造服务网点，引导电商平台企业拓展农村业务，加强农产品网上销售平台建设。实施电商扶贫工程，逐步形成农产品进城、工业品下乡的双向流通服务网络。对贫困户通过电商平台创业就业的，鼓励地方政府和电商企业免费提供网店设计、推介服务和经营管理培训，给予网络资费补助和小额信贷支持。

二是改善农村电子商务发展环境。加强交通、商贸流通、供销合作、邮政等部门及大型电商、快递企业信息网络共享衔接，鼓励多站合一、服务同网。加快推进适应电子商务的农产品质量标准体系和可追溯体系建设以及分等分级、包装运输标准制定和应用。

*资产收益扶贫。*一是组织开展资产收益扶贫工作。鼓励和引导贫困户将已确权登记的土地承包经营权入股企业、合作社、家庭农（林）场与新型经营主体，形成利益共同体，分享经营收益。积极推进农村集体资产、集体所有的土地等资产资源使用权作价入股，形成集体股权并按比例量化到农村集体经济组织。财政扶贫资金、相关涉农资金和社会帮扶资金投入设施农业、养殖、光伏、水电、乡村旅游等项目形成的资产，可折股量化到农村集体经济组织，优先保障丧失劳动能力的贫困户。

二是建立健全收益分配机制。强化监督管理，确保持股贫困户和农村集体经济组织分享资产收益。创新水电、矿产资源开发占用农村集体土地的补偿补助方式，在贫困地区选择一批项目开展资源开发资产收益扶贫改革试点。通过试点，形成可复制、可推广的模式和制度并在贫困地区推广，让贫困人口分享资源开发收益。

*科技扶贫。*一是促进科技成果向贫困地区转移转化。组织

高等学校、科研院所、企业等开展技术攻关，解决贫困地区产业发展和生态建设关键技术问题。围绕全产业链技术需求，加大贫困地区新品种、新技术、新成果的开发、引进、集成、试验、示范力度，鼓励贫困县建设科技成果转化示范基地，围绕支柱产业转化推广先进适用技术成果。

二是提高贫困人口创新创业能力。深入推行科技特派员制度，基本实现特派员对贫困村科技服务和创业带动全覆盖。鼓励和支持高等院校、科研院所发挥科技优势，为贫困地区培养科技致富带头人。大力实施边远贫困地区、边疆民族地区和革命老区人才支持计划科技人员专项计划，引导支持科技人员与贫困户结成利益共同体，创办、领办、协办企业和农民专业合作社，带动贫困人口脱贫。加强乡村科普工作，为贫困群众提供线上线下，点对点、面对面的培训。

三是加强贫困地区创新平台载体建设。支持贫困地区建设一批科技园区等科技创新载体，充分发挥各类科技园区在扶贫开发中的技术集中、要素聚集、应用示范、辐射带动作用，通过"科技园区 + 贫困村 + 贫困户"的方式带动贫困人口脱贫。推动高等学校新农村发展研究院在贫困地区建设一批农村科技服务基地。实施科技助力精准扶贫工程，在贫困地区支持建设农技协联合会（联合体）和农村专业技术协会。

第四节

重点支持特殊贫困地区发展

　　中国共产党和中国政府一直把革命老区、民族地区、边疆地区、集中连片特困地区的脱贫致富挂在心上。打好脱贫攻坚战，关键是整体规划，统筹推进，持续加大对集中连片特困地区的扶贫投入力度，加快解决贫困村通路、通水、通电、通网络等问题，使得贫困地区区域发展环境明显改善，"造血"能力显著提升。

　　*实施集中连片特困地区规划。*一是统筹推进集中连片特困地区规划实施。组织实施集中连片特困地区区域发展与扶贫攻坚"十三五"省级实施规划，片区重大基础设施和重点民生工程优先纳入"十三五"相关专项规划和年度计划，集中建设了一批区域性重大基础设施和重大民生工程，明显改善了片区区域发展环境、提升了自我发展能力。

　　二是完善片区联系协调机制。进一步完善了片区联系工作机制，全面落实片区联系单位牵头责任，充分发挥部省联系会议制度功能，切实做好片区区域发展重大事项的沟通、协调、指导工作。强化片区所在省级政府主体责任，组织开展片区内跨行政区域沟通协调，及时解决片区规划实施中存在的问题和困难，推进片区各项政策和项目规划尽快落地。

*着力解决区域性整体贫困问题。*中共中央加大对革命老区脱贫开发的支持力度，推进实施赣闽粤原中央苏区、左右江、大别山、陕甘宁、川陕等重点贫困革命老区振兴发展规划，积极支持沂蒙、湘鄂赣、太行、海陆丰等欠发达革命老区加快发展。扩大对革命老区的财政转移支付规模。加快推进民族地区重大基础设施项目和民生工程建设，实施少数民族特困地区和特困群体综合扶贫工程，制定人口较少民族整体脱贫的特殊政策措施。编制边境扶贫专项规划，采取差异化政策，加快推进边境地区基础设施和社会保障设施建设，集中改善边民生产生活条件，扶持发展边境贸易和特色经济，大力推进兴边富民行动，使边民能够安心生产生活、安心守边固边。加大对边境地区的财政转移支付力度，完善边民补贴机制。加大中央投入力度，采取特殊扶持政策，推进西藏、四省（青海、四川、云南、甘肃）藏区和新疆南疆四地州脱贫攻坚。

推进革命老区、少数民族和边疆地区等特殊贫困地区区域合作与对外开放。推动特殊贫困地区深度融入"一带一路"建设、京津冀协同发展、长江经济带发展、粤港澳大湾区建设等国家战略，与有关国家级新区、自主创新示范区、自由贸易试验区、综合配套改革试验区建立紧密合作关系，打造区域合作和产业承接发展平台，探索发展"飞地经济"，引导发达地区劳动密集型等产业优先向贫困地区转移。支持贫困地区具备条件的地方申请设立海关特殊监管区域，积极承接加工贸易梯度转移。拓展特殊贫困地区招商引资渠道，利用外经贸发展专项资金促进贫困地区外经贸发展，优先支持特殊贫困地区项目申报借用国外优惠贷款。鼓励特殊贫困地区培育和发展会展平台，提高知名度和影响力。加快边境贫困地区开发开放，加强内陆沿边地区口岸基础设施建设，开辟跨境多式联运交通走廊，促进边境经济合作区、跨境经济合作区发展，提升边民互市贸易便利化水平。

加强重大基础设施建设。一是构建外通内联交通骨干通道。加强革命老区、民族地区、边疆地区、集中连片特困地区对外运输通道建设，推动国家铁路网、国家高速公路网连接贫困地区的重大交通项目建设，提高国道省道技术标准，构建贫困地区外通内联的交通运输通道。加快资源丰富和人口相对密集贫困地区开发性铁路建设。完善贫困地区民用机场布局规划，加快支线机场、通用机场建设。在具备水资源开发条件的贫困地区，统筹内河航电枢纽建设和航运发展，提高通航能力。形成布局科学、干支结合、结构合理的区域性综合交通运输网络。在自然条件复杂、灾害多发且人口相对密集的贫困地区，合理布局复合多向、灵活机动的保障性运输通道。依托中国与周边国家互联互通重要通道，推动沿边贫困地区交通基础设施建设。

二是着力提升重大水利设施保障能力。加强重点水源、大中型灌区续建配套节水改造等工程建设，逐步解决特殊贫困地区工程性缺水和资源性缺水问题，着力提升贫困地区供水保障能力。按照"确有需要、生态安全、可以持续"的原则，科学开展水利扶贫项目前期论证，在保护生态的前提下，提高水资源开发利用水平。加大特殊贫困地区控制性枢纽建设、中小河流和江河重要支流治理、抗旱水源建设、山洪灾害防治、病险水库（闸）除险加固、易涝地区治理力度，坚持工程措施与非工程措施结合，加快灾害防治体系建设。

三是优先布局建设能源工程。积极推动能源开发建设，煤炭、煤电、核电、油气、水电等重大项目，跨区域重大能源输送通道项目，以及风电、光伏等新能源项目，同等条件下优先在特殊贫困地区规划布局。加快特殊贫困地区煤层气（煤矿瓦斯）产业发展。统筹研究特殊贫困地区煤电布局，继续推进跨省重大电网工程和天然气管道建设。加快推进流域龙头水库和金沙江、澜沧江、雅砻江、大渡河、黄河上游等水电基地重大工程建设，努力推动怒江中下游水电基地开发，支持离网缺电贫困地区小水电开发，重点扶持西藏、四省藏区和少数民族贫困地区小水电扶贫开发工作，风电、光伏发电年度规模安排向贫困地区倾斜。

第五节

提升贫困地区群众获得感

提升贫困地区群众获得感是脱贫攻坚的最终目的，是检验脱贫攻坚成效的最高标准。《中国农村扶贫开发纲要（2011—2020 年）》提出，到 2020 年中国扶贫开发针对扶贫对象的总体目标是："稳定实现扶贫对象不愁吃、不愁穿，保障其义务教育、基本医疗和住房"，简称"两不愁三保障"。2015 年 11 月召开的中共中央扶贫开发工作会议强调，"十三五"期间脱贫攻坚的目标是：到 2020 年稳定实现农村贫困人口不愁吃、不愁穿，义务教育、基本医疗、住房安全有保障；同时实现贫困地区农民人均可支配收入增长幅度高于全国平均水平，基本公共服务主要领域指标接近全国平均水平。2018 年 5 月 31 日，中共中央政治局会议提出："聚焦深度贫困地区和特殊贫困群体，突出问题导向，优化政策供给，下足绣花功夫，着力激发贫困人口内生动力，着力夯实贫困人口稳定脱贫基础，着力加强扶贫领域作风建设，切实提高贫困人口获得感。"[①]

推进教育扶贫，阻断贫困代际传递。一是做好教育脱贫的顶层设计。通过开展建档立卡贫困人口数据库与中小学学籍管理信息系统、学生资助管理系统等教育数据库的对接工作，进一步摸清了贫困人口中学龄人口的底数，为开展教育扶贫提供依据。在此基础上，编制好教育脱贫攻坚行动计划，各贫困地区结合实际，系统谋划有关教育脱贫的政策措施，加强与本地区经济社会发展规划的衔接。通过编制规划，进一步找准了差距，锁定了重点，明确了措施，细化了时间表和路线图。

二是针对不同教育群体分类施策。对学龄前儿童，主要是保障每个人都有机会接受学前三年教育。继续实施学前教育三年行动计划，逐步建成了以公办园为主体的农村学前教育服务网络，解决普惠性学前教育资源不足的问题。对义务教育阶段儿童，主要是保障每个人都有机会接受公平有质量的义务教育。适应城镇化进程，进一步优化教育资源布局，基本完成了薄弱学校改造，实现了标准化办学，切实解决了农村留守儿童、随迁子女、残疾儿童等特殊困难群体的教育问题。对高中阶段学生，主要是保障每个人都能接受高中阶段教育。实施普及高中阶段教育攻坚计划，重点解决贫困地区高中阶段教育资源不足问题，使没有升入普通高中的初中毕业生都进入中职学校，掌

---

① 《中共中央政治局召开会议 审议〈乡村振兴战略规划（二〇一八—二〇二二年）〉和〈关于打赢脱贫攻坚战三年行动的指导意见〉》，《人民日报》2018年6月1日。

握一技之长，促进家庭脱贫。对高等教育阶段的群体，主要是继续拓宽纵向流动通道。继续实施贫困地区定向招生计划、中西部地区招生协作计划，进一步扩大东西部职业学校联合招生规模，使贫困家庭学生有更多机会接受高等教育。对学龄后贫困人口，主要是为每个人提供职业培训机会。特别是针对职业农民、进城农民工等群体，加大职业培训力度，提升劳动者职业技能和就业创业能力，帮助他们脱贫致富。

三是加大对乡村教师队伍建设的支持力度。特岗计划、国培计划向贫困地区基层倾斜，为贫困地区乡村学校定向培养留得下、稳得住的一专多能教师，制定符合基层实际的教师招聘引进办法，建立省级统筹乡村教师补充机制，推动城乡教师合理流动和对口支援。全面落实连片特困地区乡村教师生活补助政策，建立乡村教师荣誉制度。

*实施健康扶贫，推进基本医疗服务均等化。*改善贫困地区医疗卫生机构条件，提升服务能力，缩小区域间卫生资源配置差距，基本医疗保障制度进一步完善，建档立卡贫困人口大病和慢性病得到及时有效救治，就医费用个人负担大幅减轻，重大传染病和地方病得到有效控制，基本公共卫生服务实现均等化，让贫困地区农村贫困人口"看得起病、看得好病、看得上病、少生病"，保障贫困人口享有基本医疗卫生服务，防止因病致贫、因病返贫。

让贫困人口"看得起病"。在医疗保障方面，建立基本医疗保险、大病保险、医疗救助、疾病应急救助、商业健康保险等制度的衔接机制，发挥协同互补作用，形成保障合力，力争对贫困患者做到应治尽治。

让贫困人口"看得好病"。重点是对患有大病和长期慢性病的农村贫困人口进行有效救治。关键是对象要精准，要精准到户、到人、到具体病种，重点是要实施分类救治，让患病的贫困人口得到有效的治疗。同时，要防治结合，有效提升贫困地区贫困人口的健康水平。

让贫困人口"看得上病"。优化医疗资源布局，实施全国三级医院与贫困县县级医院一对一帮扶，加强贫困地区医疗卫生服务机构标准化建设，强化人才综合培养，有效提升贫困地区医疗卫生服务能力，有效解决边远山区、深山区、石漠化山区等交通闭塞地区就近"看不上病"的问题。

让贫困人口"少生病"。深入开展爱国卫生运动。加强卫生城镇创建活动，有效提升贫困地区人居环境质量。持续深入开展整洁行动，统筹治理贫困地区环境卫生问题。加快农村卫生厕所建设进程，做好改厕后续服务和管理。加强农村饮用水和环境卫生监测、调查与评估，为环境污染防治提供依据。实施农村饮水安全巩固提升工程，推进农村垃圾污水治理，综合治理大气污染、地表水环境污染和噪声污染。加强健康促进和健康教育工作，广泛宣传居民健康素养基本知识和技能，引导重点人群改变不良生活习惯，形成健康生活方式，力争让农村贫困人口少生病。

*社会保障兜底扶贫，解除贫困人口的后顾之忧。*统筹社会救助体系，促进扶贫开发与社会保障有效衔接，完善农村低保、特困人员救助供养等社会救助制度，健全农村"三留守"人员和残疾人关爱服务体系，实现社会保障兜底。

一是健全社会救助体系。完善农村最低生活保障制度，完善低保对象认定办法，建立农村低保家庭贫困状况评估指标体系，加大省级统筹工作力度，加强农村低保与扶贫开发及其他脱贫攻坚相关政策的有效衔接，引导有劳动能力的低保对象依靠自身努力脱贫致富。统筹社会救助资源，指导贫困地区健全特困人员救助供养制度，全面实施临时救助制度，积极推进最低生活保障制度与医疗救助、教育救助、住房救助、就业救助等专项救助制度衔接配套，推动专项救助在保障低保对象的基础上向低收入群众适当延伸，逐步形成梯度救助格局，为救助对象提供差别化的救助。

二是逐步提高贫困地区基本养老保障水平。坚持全覆盖、保基本、有弹性、可持续的方针，统筹推进城乡养老保障体系建设，指导贫困地区全面建成制度名称、政策标准、管理服务、信息系统"四统一"的城乡居民养老保险制度。探索建立适应农村老龄化形势的养老服务模式。

三是健全"三留守"人员和残疾人关爱服务体系。组织开展农村留守儿童、留守妇女、留守老人摸底排查工作。推动各地通过政府购买服务、政府购买基层公共管理和社会服务岗位、引入社会工作专业人才和志愿者等方式，为"三留守"人员提供关爱服务。加强留守儿童关爱服务设施和队伍建设，建立留守儿童救助保护机制和关爱服务网络。加强未成年人社会保护和权益保护工作。研究制定留守老年人关爱服务政策措施，推进农村社区日间照料中心建设，提升农村特困人员供养服务机构托底保障能力和服务水平。支持各地农村幸福院等社区养老服务设施建设和运营，开展留守老年人关爱行动。加强对"三留守"人员的生产扶持、生活救助和心理疏导。进一步加强对贫困地区留守妇女技能培训和居家灵活就业创业的扶持，切实维护留守妇女权益。将残疾人普遍纳入社会保障体系予以保障和扶持。支持发展残疾人康复、托养、特殊教育，实施残疾人重点康复项目，落实困难残疾人生活补贴和重度残疾人护理补贴制度。加强贫困残疾人实用技术培训，优先扶持贫困残疾人家庭发展生产，支持引导残疾人就业创业。

*改善生产生活条件，提高贫困地区自我发展能力。*一是着力改善生产条件。推进贫困村农田水利、土地整治、中低产田改造和高标准农田建设。抓好以贫困村为重点的田间配套工程、水利工程和高效节水灌溉工程建设，抗旱水源保障能力明显提升。结合产业发展，建设改造一批资源路、旅游路、产业园区路，新建改造一批生产便道，推进"交通＋特色产业"扶贫。大力整治农村河道堰塘。实施贫困村通动力电规划，保障生

产用电。加大以工代赈投入力度，着力解决农村生产设施"最后一公里"问题。

二是加强贫困村信息和物流设施建设。实施"宽带乡村"示范工程，推动公路沿线、集镇、行政村、旅游景区网络基本覆盖。鼓励基础电信企业针对贫困地区出台更优惠的资费方案。加强贫困村邮政基础设施建设，实现村村直接通邮。加快推进"快递下乡"工程，完善农村快递揽收配送网点建设。支持快递企业加强与农业、供销合作、商贸企业的合作，推动在基础条件相对较好的地区率先建立县、乡、村消费品和农资配送网络体系，打造"工业品下乡"和"农产品进城"双向流通渠道。

三是加强贫困村人居环境整治。在贫困村开展饮用水源保护、生活污水和垃圾处理、畜禽养殖污染治理、农村面源污染治理、乱埋乱葬治理等人居环境整治工作，保障处理设施运行经费，稳步提升贫困村人居环境水平。

四是健全贫困村社区服务体系。加强贫困村基层公共服务设施建设，整合利用现有设施和场地，拓展学前教育、妇女互助和养老服务、殡葬服务功能，努力实现农村社区公共服务供给多元化。依托"互联网＋"拓展综合信息服务功能，逐步构建线上线下相结合的农村社区服务新模式。统筹城乡社区服务体系规划建设，积极培育农村社区社会组织，开展社区社会工作服务。

五是加强公共文化服务体系建设。按照公共文化建设标准，对贫困县未达标公共文化设施提档升级、填平补齐。加强面向"三农"的优秀出版物和广播影视节目生产，启动实施流动文化车工程，实施贫困地区县级广播电视播出机构制播能力建设工程，推进重大文化惠民工程融合发展，提高公共数字文化供给和服务能力。

做好疫情防控期间扶贫工作

　　坚决打赢疫情防控阻击战，是 2020 年重要的工作；坚决打赢脱贫攻坚战，是 2020 年必须完成的硬任务。两场大战都必须打赢。新冠肺炎疫情发生以来，习近平总书记在亲自指挥部署疫情防控工作的同时，时刻关注脱贫攻坚战的进展和遇到的困难，并作出了一系列决策部署。2020 年 2 月 23 日，习近平总书记在统筹推进新冠肺炎疫情防控和经济社会发展工作部署会议上指出，2020 年脱贫攻坚要全面收官，原本就有不少硬仗要打，现在还要努力克服疫情的影响，必须再加把劲，狠抓攻坚工作落实。26 日，习近平总书记在中共中央政治局常务委员会会议上又强调，加强疫情防控这根弦不能松，经济社会发展各项工作要抓紧。[①] 这些重要论述，为中国统筹做好疫情防控和脱贫攻坚工作提供了根本遵循。

　　疫情是 2020 年影响脱贫攻坚的最大因素，打赢疫情防控

---

　　① 《中共中央政治局常务委员会召开会议　分析新冠肺炎疫情形势研究近期防控重点工作　中共中央总书记习近平主持会议》，《人民日报》2020 年 2 月 27 日。

阻击战是打赢脱贫攻坚战的前提。中国坚持分区分级精准复工复产要求，根据全国疫情进展，划分高风险地区、中风险地区和低风险地区，并根据疫情防控形势实行动态调整；分区分级制定差异化防控策略，精准有序防控疫情，低风险地区及时将防控策略调整到外防输入上来，在切断传播途径这个关键着力点上下功夫；贫困地区干部坚持发扬斗争精神，依法依规落实落细各项防控措施，督促群众坚持做好戴口罩、勤洗手、少出行、不聚餐、少聚集等保护措施。在落实落细疫情防控措施的基础上，中国还狠抓脱贫攻坚工作，千方百计解决疫情给贫困地区生产生活造成的问题和困难，努力防止因疫返贫、因疫致贫，并做好因疫致贫返贫农户的帮扶工作，确保贫困群众基本生活不受影响。

*解决扶贫项目开工复工难题。*在符合疫情防控条件下，中国支持和组织推动扶贫龙头企业、扶贫车间尽早开工复工，一时还达不到开工复工要求的，要求提前备工备料，为开工复工创造条件；采取以工代赈方式，组织贫困劳动力参与扶贫项目建设；提高工作效率，加快建设进度，小微扶贫项目按规定程序可以实行"一事一议"。

*优先解决好贫困群众务工问题。*根据国务院扶贫办统计数据，贫困地区农民的收入中打工的收入占到1/3，是主要的来源之一。中国要抓住重大项目开工建设和企业有序复工复产的时机，按照"分批有序错峰"的要求，优先安排贫困劳动力外出务工、

返程返岗；要求劳务输出地和输入地精准对接，帮助贫困劳动力有序返岗；通过恢复扶贫车间、设立疫情防控扶贫公益岗位等，促进贫困人口就近就业，稳定贫困家庭收入。

*解决好贫困地区"买难""卖难"问题。*受疫情影响，2020年上半年农村特别是偏远贫困地区出现了生产资料购买难和农产品销售难的问题。中国要及时组织产销对接，围绕贫困户在春耕备耕中面临的突出问题，组织好农资生产、流通、供应，抓好产业扶贫，确保农业生产不误农时；针对一些贫困地区农畜产品"卖难"问题，创新扶贫方式，充分利用"互联网＋"等网络平台拓宽销售渠道，积极开展消费扶贫、产业扶贫等，既实现城市"菜篮子""米袋子"有效供给，又促进贫困地区扶贫产业健康发展。

*解决好贫困地区资金难题。*脱贫攻坚离不开金融支持。疫情发生后，部分地区扶贫小额信贷工作面临困难，对脱贫攻坚造成一定影响。各地抓紧摸排本地区受疫情影响情况，充分发挥扶贫小额信贷作用，帮助受疫情影响贫困户尽快恢复生产、实现稳定脱贫。对受疫情影响出现还款困难的贫困户，适当延长扶贫小额信贷还款期限；对新发放贷款、续贷和展期需求，加快审批进度，简化业务流程，提高业务办理效率；对贫困群众的生产资金需求，符合申贷、续贷、追加贷款等条件的，及时予以支持。

第六章

减贫经验贡献：中国脱贫攻坚遵循的基本经验

新中国的减贫史，既是不懈探索中国特色扶贫开发道路的奋斗史，又是不断推动马克思主义反贫困理论中国化的发展史，更是持续积累中国减贫经验和取得巨大减贫成就的辉煌史。中国脱贫攻坚伟大实践不仅取得了显著成绩，还积累了丰厚经验。习近平总书记在中共中央政治局第三十九次集体学习时指出："在实践中，我们形成了不少有益经验……这些经验弥足珍贵，要长期坚持。"这些经验实质上就是一整套经过实践检验的减贫治理思路，这为全球更有效地进行减贫治理提供了"中国方案"。

第一节

中国脱贫攻坚的逻辑遵循

在新中国减贫历史长河中，不同时期的减贫思想、减贫模式和减贫方案存在差异、各有侧重，但始终相互联系、一脉相承，形成了系统完整的逻辑体系：从"明确贫困根源"的逻辑起点出发，沿着"解决贫困根本手段"的逻辑主线展开，依托"治理贫困科学方法"的逻辑支点深入，朝着"逐步解决贫困问题"的逻辑目标推演，即严格按照"发挥制度优势—发展解放保护生产力—推行'减贫组合拳'的综合治理—实现全面主动减贫"的逻辑，全力推进中国特色减贫事业向前发展。

*发挥制度优势推进减贫进程。*在推进新中国减贫事业的过程中，中国发挥社会主义制度的独特优势，从源头寻找减贫的治本之策，确立了以制度为基础的国家减贫模式。

马克思认为，资本主义私有制是贫困问题的总根源。资本主义制度不仅不能解决贫困问题，反而会导致贫困问题不断深化，直至矛盾爆发。要根治贫困，必须建立社会主义制度。新中国成立以后，中国建立了社会主义制度。在理论上，始终坚持运用和发展马克思主义的减贫理论；在实践中，坚持依靠和完善社会主义制度，筑牢了减贫事业的根本制度保障，实现了有效减贫，彰显出社会主义制度的巨大优越性。

新中国成立后，中国发挥社会主义制度的独特优势，确立了以制度为基础的国家减贫模式。在探索建立社会主义制度的过程中，经过社会主义三大改造，社会主义公有制的主体地位得以确立，社会主义基本制度初步建立，奠定了国家动员减贫的坚实制度基础；通过土地制度改革，人民群众掌握了社会生产资料，享有了平等的土地权利，建立了农业增产和解决温饱，进而摆脱贫困的有力制度保障；通过实行人民民主专政制度，团结各族人民和各个阶级开展社会主义建设，形成了集中力量解决贫困问题的强大合力。

改革开放新时期，中国建立和完善相关制度，不断促进减贫工作常态化。随着社会主义制度的优势进一步凸显和发挥，常态化的减贫工作机制逐步建立。中国共产党和中国政府从这一时期的具体实际出发，科学制定和实施扶贫方略，全国人大六届四次会议将"老、少、边、穷"地区脱贫列入"七五"计划，减贫工作上升为国家战略行动；扶贫攻坚计划和扶贫开发纲要相继出台，减贫工作进一步落到实处；国务院成立贫困地区经济开发领导小组，减贫责任和领导机制正式确立；针对贫困地区的专项扶贫资金得以设立，国家级贫困县的扶贫标准正式明确，贫困地区脱贫步伐加快，减贫重心实现了从救济式到参与式的转变。

中国特色社会主义新时代，通过制度创新加快推进减贫事业发展。新时代，中国共产党和中国政府将脱贫攻坚工作纳入"五位一体"总体布局和"四个全面"战略布局，加大扶贫投入，创新扶贫方式，减贫目标、责任、考核、评估机制不断完善，减贫工作的针对性和精准度持续提高，稳定脱贫的长效机制逐步建立，扶贫开发工作呈现新局面。中国共产党和中国政府根据工作进展及时调整扶贫方略，出台打赢脱贫攻坚战的相关政策，实施精准扶贫、精准脱贫基本方略，扶贫方向实现了从广泛到精准的转变；中央统筹、省负总责、市县抓落实的减贫责任体系正式建立，省市县乡村五级书记一起抓扶贫的减贫责任机制开始实行，确保了层层落实和履行扶贫责任；考核贫困地区扶贫开发工作成效的考核机制开始建立，改变了传统的以考核贫困区域地区生产总值为导向的考核方式，明确了贫困地区扶贫开发的工作重点；"回头看"和省际交叉考核等考核方式开始运用，保证了扶贫开发成果的真实有效；第三方评估的评估机制正式引入，确保了扶贫评估结果的客观公正，在很大程度上预防了脱贫人口返贫。

以发展解放保护生产力为根本减贫手段。中国共产党和中国政府在推进减贫事业的过程中，始终将历史唯物主义中生产力决定生产关系理论作为基本依据，力求从根本手段上破解贫困难题。这一根本手段，就是不断发挥生产力在减贫工作中的助推作用，持续夯实减贫的物质基础。

新中国成立以来，中国共产党和中国政府不断探索和丰富了"生产力"的内涵，强调发展生产力、解放生产力、保护生产力的辩证统一，注重依靠发展来减贫，并根据不同时期的贫困问题，实施符合国情和发展实际的减贫政策，采取有计划有差别的减贫方式，不断提升减贫实效。

在发展生产力中积极减贫。新中国成立初期，中国生产力发展水平较低，大面积灾荒加剧了贫困程度。在落后的生产条件下，党和国家减贫的重心在于提高生产力水平、摆脱贫穷落后的面貌，这一阶段主要采取恢复和发展各项生产、对贫困地区进行物资输送等措施缓解贫困。改革开放新时期，减贫的重心转换为推动贫困地区和贫困农户脱贫致富。从改革开放初期的支持贫困地区产业发展、鼓励贫困地区发展商品生产、推进贫困地区基础设施建设，到进入21世纪后的优化贫困地区产业结构、推进产业化扶贫，贫困地区产业发展迅速，为减贫工作提供了强大的支撑。进入新时代，中共中央明确把发展作为解决贫困的根本途径，着力在构建大农业发展格局、促进农村一二三产业融合发展中加大产业扶贫力度，贫困地区的生产力水平得以提升。新中国的减贫历程，不仅是贫困地区的生产力获得发展的过程，也是中国现代农业稳步发展的过程，中国的农业生产能力不断得到提升，粮食安全和重要农产品供给得到切实保障。1949年，全国粮食产量仅为11318万吨；1978年，全国粮食产量增长到 30477 万吨；2000 年，全国粮食产量增加到 46218 万吨，2 亿多农村贫困人口的温饱问题得到了根本解决；2019 年，全国粮食产量跃升为 66384 万吨，中国成功将饭碗牢牢端在自己手中，实现了用较少土地养活较多人口的"中国奇迹"。

在解放生产力中有效减贫。解放生产力，是发展生产力的重要前提。中华人民共和国的成立，成功实现了中国历史上最深刻最伟大的社会变革，社会生产力获得前所未有的解放和发展，中国不仅赢得了民族独立，也逐步实现了经济上的独立，为积极消除贫困、持续改善民生奠定了必要的物质基础和社会基础。改革开放新时期，农村改革等各项改革有序推进，不合理的生产关系对生产力发展的束缚不断得到破除。在整体实现解放生产力和推进体制改革的过程中，贫困地区的生产力水平也得到快速提升。家庭联产承包责任制的实行，确保了农民独立自主的经营权，极大地提高了贫困人口从事农业生产的积极性；农产品价格改革的推进，在一定程度上提高了农产品收购价格，保证了贫困人口的农业收入来源；乡镇企业改革和户籍制度改革的推行，改变了贫困人口单一依赖农业生产生存的状况，农民可以自由从事农业生产以外的经济活动，促进了贫困人口收入来源的多样化。进入新时代，在全面深化改革的过程中，中国进一步破除束缚贫困地区生产力发展的各种弊端，贫困地区的生产力水平进一步提升。城乡发展一体化体制机制加快健全，新型城镇化和农业现代化对脱贫的辐射带动作用逐步发挥；户籍制度改革深入推进，农民工同工同酬等权益得到保障，贫困人口增收渠道进一步拓宽。2019 年，贫困地区农村居民人均可支配收入 11567 元，比上年名义增长 11.5%，扣除价格因素，实际增长 8.0%；名义增速和实际增速分别比全国农村高 1.9 和 1.8 个百分点。其中，贫困地区农村居民人均工资性收入 4082 元，增长 12.5%，增速比全国农村高 2.7 个百分点。

在保护生产力中稳步减贫。保护生产力，是发展生产力的重要保障和重要内容。在贫困地区生产力水平和贫困人口收入水平稳步提升的同时，中国共产党和中国政府注重将发展生产力与保护生产力相结合，明确生态环境也是生产力，充分发挥扶贫的生态效益。特别是改革开放以来，扶贫开发与生态保护相结合，积极推动贫困地区生态建设和资源环境保护，贫困地区生态恶化问题逐步缓解；积极发展生态农业和环保农业，贫困地区可持续发展能力不断提高。中共十八大以来，中国共产党和中国政府大力推进生态文明建设。中国开始树立绿色减贫的发展理念，走上了可持续的绿色减贫道路。在保证一定脱贫速度的同时，着重提升扶贫开发的持久性和稳定性，减贫的重心转变为在发展中促进保护、在保护中寻求发展。在扶贫开发中，坚持精准扶贫与生态保护相结合，尊重自然、顺应自然、保护自然，着力于实现扶贫开发和生态改善的双赢；坚持精准扶贫与绿色发展相结合，合理利用贫困地区的自然资源和生态资源，加快推动贫困地区生态优势转化为经济优势，着力于实现扶贫开发经济、社会、生态效益的统一。

采取"减贫组合拳"综合治理贫困。 新中国的减贫工作始终将辩证唯物主义作为基本遵循，探寻治理贫困的科学方法。这一科学方法，就是运用发展的眼光认识和分析贫困问题，将贫困问题视为多元化、动态化的复合问题，采取"减贫组合拳"来综合治理贫困。

新中国成立以来，中国共产党和中国政府始终根据贫困问题的发展变化，针对减贫中的新情况和新问题，及时调整、创新和完善贫困治理体系，在政策设计、措施选择、主体培育等多个方面，多措并举、多管齐下、多方发力，打出了贫困治理的"组合拳"，减贫的质量、效率和动力显著提升。

顶层设计与具体举措相结合。在贫困治理中，中国共产党和中国政府从宏观、中观和微观层面对减贫方案进行了科学设计，不仅在战略上明确了扶贫开发的基本方向，而且在路径上促进了减贫举措的落地实施。其中，明确外部帮扶与内生发展相结合，外在"输血式"扶贫与内部"造血式"扶贫相结合，保障了贫困群众的生存权和发展权。重视扶贫开发与区域发展相结合，在区域整体联动中聚焦深度贫困地区，在不同时期确立了脱贫攻坚克难的关键区域，着力重点突破。重视扶贫开发与农业农村发展相结合，从中共十六届五中全会后注重扶贫开发与社会主义新农村建设相结合，到中共十八大后注重脱贫攻坚与新型工业化、信息化、城镇化、农业现代化相统筹，再到中共十九大以来重视脱贫攻坚与乡村振兴相衔接，在坚持"三农"重中之重地位、推进农业农村现代化中，逐步推进减贫工作。

开发式扶贫与保障性扶贫相结合。在减贫过程中，中国共产党和中国政府逐步确定了开发与保障的双重目标，既将扶贫开发作为脱贫致富的主要手段，又将政策兜底作为摆脱贫困的根本保障。实行产业扶贫与专项扶贫一起抓，从新中国成立后的物资救济，到改革开放后的产业帮扶，再到新时代的"六个精准""五个一批"系统性举措，在推动贫困地区产业发展的同时，开展教育医疗社会保障等公共服务方面的综合扶贫，实现了多维度、多领域的扶贫协同。实行物质帮扶与精神帮扶一起抓，从新中国成立后的物质帮扶，到改革开放后的坚持开发式扶贫，提倡贫困群众自力更生、艰苦奋斗的精神，再到新时代的扶贫与扶志扶智相结合，增强贫困群众依靠自力更生实现脱贫致富的意识，在保障不同时期扶贫对象基本生活的同时，强化贫困群众在扶贫开发中的主体作用，提升贫困群众脱贫致富的动力和持续发展的能力。

构建多元主体的社会扶贫体系。面对不同的减贫主体，中国共产党和中国政府始终重视各主体间的协调，充分调动一切积极因素为减贫事业服务，不但保证了各主体各自发挥作用，而且凝聚形成了协同减贫的重要力量。这一过程中，中国坚持共建共治共享的减贫理念，积极发挥专项扶贫、行业扶贫、社会扶贫等多方优势，引导各方在资金、技术、人才等方面向贫困地区投入和倾斜，推进各类各项扶贫精确对接和共同发力。坚持党的领导，逐步建立政府主导、全社会共同参与的减贫体系，发挥了各级党委和政府的主导作用，动员了全社会力量的广泛参与，发挥了各参与主体的主观能动性，实现了扶贫主体间的高度集成和良性互动。

*将消除贫困作为重要使命实现全面主动减贫。*新中国成立以来，中国共产党和中国政府牢牢将消除贫困作为重要使命，坚持积极主动脱贫，追求全面整体脱贫。全面主动脱贫体现了社会主义的本质要求和以人民为中心的价值导向，体现了中国的国际担当。

在减贫范围上，中国寻求的是全面整体脱贫，而不是西方国家的短期内缓解贫困。全面建成小康社会，一个也不能少；共同富裕路上，一个也不能掉队。在减贫立场上，中国坚持积极主动脱贫，而不是西方国家的被动被迫减贫。抓好扶贫工作，打赢脱贫攻坚战，解决好贫困人口生产生活问题，满足贫困人口追求幸福的基本要求，这是中国的目标，也是中国的庄严承诺。新中国成立以来，中国共产党和中国政府牢牢将消除贫困作为重要使命，力求顺利实现到 2020 年中国现行标准下农村贫困人口全部脱贫的攻坚目标。

全面主动减贫体现了社会主义的本质要求。对于减贫事业，中国共产党和中国政府坚持从战略高度进行总体设计，在解放和发展生产力、消灭剥削和消除两极分化、逐步实现共同富裕的过程中，有力地推动了减贫工作。新中国成立初期，中国共产党和中国政府着力解决普遍性贫困问题，在发展工农业生产的过程中，坚持贫困人口不掉队，抓住解决温饱问题不放松。改革开放以来，社会主义的本质得以明确，先富带动后富的思想得以确立。在从解决温饱到实现总体小康跨越的过程中，贫富差距持续缩小。中国特色社会主义新时代，中国共产党和中国政府致力于解决区域性整体贫困，明确将农村贫困人口脱贫作为发展中的突出短板，着力带动所有贫困人口实现全面小康。

全面主动减贫体现了以人民为中心的价值导向。在减贫工作中，中国共产党和中国政府始终坚持以贫困人口为中心，从贫困群众的根本利益出发，根据各个时期贫困户的现实需要适时制定和完善扶贫政策。新中国成立以来，从初期救济农村鳏寡孤独和虽有劳动力但生活上十分困难的贫困户，到改革开放后确定贫困人口标准，保证农村贫困人口生存需要，再到新时代精准识别贫困对象，开展精准帮扶，对贫困人口的帮扶力度不断加大，帮扶范围持续拓展；从初期帮助贫困群众解决温饱，到改革开放后保障贫困群众收入增加，再到新时代确保贫困群众"两不愁三保障"，贫困群众的生产生活条件显著提升，自我发展能力稳步提高。这一过程中，不仅减贫直接效果明显，保证了贫困群众直接受益，而且减贫间接效果凸显，确保了所有农民一道共享减贫和发展成果，从而持续增强了农民的获得感、幸福感、安全感。

全面主动减贫体现了中国的国际责任和国际担当。消除贫困，是全人类共同面临的世界性难题。作为最大的发展中国家，中国在奋力消除自身贫困的同时，主动承担国际减贫责任，履行国际减贫承诺，参与和推动全球减贫合作，为全球减贫作出了重大贡献。新中国成立以来，通过接连的大面积贫困救济、大规模扶贫开发、大力气脱贫攻坚，中国减贫成绩斐然，对全球减贫的贡献率超过七成。中国成为世界上减贫人口最多的国家，也是世界上率先完成联合国千年发展目标的国家之一。通过积极开展南南合作、倡导共建人类命运共同体，中国支持和帮助广大发展中国家特别是最不发达国家消除贫困，推动建立了合作共赢的新型国际减贫交流合作关系，有效促进了全球范围内的减贫合作与共同发展。其中，中国不仅在消除饥饿与贫困等领域取得了巨大成就，而且先后为120多个发展中国家完成联合国千年发展目标提供了极大帮助。世界银行前行长金墉指出："我认为中国减贫的成就是人类历史上最伟大的历史事件之一。世界极端贫困人口从40%下降至现在的10%，大多数贡献来自中国，因此我们一直在努力学习中国减贫的经验。中国的减贫努力具有历史意义。"①

---

① 《中国减贫 世界称美（十九大时光）》，《人民日报（海外版）》2017年10月17日。

第二节

中国脱贫攻坚的主要经验

党的领导是根本。党的领导保证了脱贫攻坚的正确方向。加强党的领导，是打赢脱贫攻坚战的坚强政治保障和根本保障。

一是党的领导保证了脱贫攻坚的正确方向。中共中央明确了"中央统筹、省负总责、市县抓落实"的脱贫攻坚工作机制。按照这一机制，中共中央、国务院主要负责统筹制定扶贫开发大政方针，出台重大政策举措，规划重大工程项目。中共

> ★ **金句选读**
>
> 党政一把手特别是贫困问题较突出地区的党政主要负责同志，肩上有沉甸甸的担子，身后有群众眼巴巴的目光。职责所系、群众所盼，不能有丝毫懈怠。要当好扶贫开发工作第一责任人，履行领导职责，深入贫困乡村进行调查研究，因地制宜提出措施办法，亲自部署和协调落实。
>
> ——习近平《在部分省区市扶贫攻坚与"十三五"时期经济社会发展座谈会上的讲话（节选）》（2015 年 6 月 18 日）

中央对《关于打赢脱贫攻坚战的决定》及"十三五"规划作出了重大安排。中共中央、国家机关各部门出台100多个政策文件或实施方案，包括产业扶贫、易地扶贫搬迁、劳务输出扶贫、交通扶贫、水利扶贫、科技扶贫、教育扶贫、健康扶贫、金融扶贫、土地增减挂钩、水电矿产资源开发资产收益扶贫、农村低保与扶贫开发两项制度衔接等，对扶贫工作中的很多"老大难"问题都拿出了有针对性的措施，这些都为脱贫攻坚明确了方向。

二是分工明确强化了领导责任。中共中央、国务院主要负责统筹制定扶贫开发大政方针，出台重大政策举措，规划重大工程项目。省（自治区、直辖市）党委和政府对扶贫开发工作负总责，抓好目标确定、项目下达、资金投放、组织动员、监督考核等工作。市（地）党委和政府做好上下衔接、域内协调、督促检查工作，把精力集中在贫困县如期摘帽上。县级党委和政府承担主体责任，书记和县长是第一责任人，做好进度安排、项目落地、资金使用、人力调配、推进实施等工作。在具体做法上，各级政府层层签订脱贫攻坚责任书，扶贫开发任务重的省（区、市）党政主要领导要向中央签署脱贫责任书，每年要向中央作扶贫脱贫进展情况的报告。省（区、市）党委和政府要向市（地）、县（市）、乡镇提出要求，层层落实责任制。

三是基层党组织发挥了战斗堡垒作用。加强贫困乡镇领导班子建设，有针对性地选配政治素质高、工作能力强、熟悉"三农"工作的干部担任贫困乡镇党政主要领导。抓好以村党组织为领导核心的村级组织配套建设，集中整顿软弱涣散村党组织，提高贫困村党组织的创造力、凝聚力、战斗力，发挥好工会、共青团、妇联等群团组织的作用。选好配强村级领导班子，突出抓好村党组织带头人队伍建设，充分发挥党员先锋模范作用。完善村级组织运转经费保障机制，将村干部报酬、村办公经费和其他必要支出作为保障重点。根据贫困村的实际需求，精准选配第一书记，精准选派驻村工作队。加大驻村干部考核力度，不稳定脱贫不撤队伍。

四是严格考核确保扶贫工作质量。建立和完善中央对省（自治区、直辖市）党委和政府扶贫开发工作成效考核办法。建立年度扶贫开发工作逐级督查制度，选择重点部门、重点地区进行联合督查，对落实不力的部门和地区，国务院扶贫开发领导小组要向中共中央、国务院报告并提出责任追究建议，对未完成年度减贫任务的省份要对党政主要领导进行约谈。各省（区、市）党委和政府也相应制定了对贫困县的扶贫绩效考核办法，提高减贫指标在贫困县经济社会发展实绩考核指标中的权重，建立扶贫工作责任清单。建立重大涉贫事件的处置、反馈机制，在处置典型事件中发现问题，不断提高扶贫工作水平。加强农村贫困统计监测体系建设，提高监测能力和数据质量，实现数据共享。

增加投入是保障。推进脱贫攻坚，无论是修建基础设施、完善公共服务体系还是改善贫困群众生产生活条件，每一项都需要真金白银。增加投入，就是坚持政府投入的主体和主导作用，不断增加金融资金、社会资金投入脱贫攻坚。习近平总书记指出："'十三五'期间宁肯少上几个大项目，也要确保扶贫投入明显增加。"[①]

一是构建精准多元的财政扶贫政策体系。财政投入是政府重要的强力扶贫政策手段，在贫困问题的解决过程中发挥着至关重要的作用。贫困现象的存在具有一定的客观性，但贫困问题很难靠社会的自然发展解决。美国经济学家纳克斯所提出的"贫困恶性循环论"从供给和需求两方面指出，一个地区的贫困具有循环性，想要打破这种恶性循环，就必须有全面且大规模的投资，并实施全面增长的投资计划。从20世纪80年代开始，中央财政积极构建财政扶贫开发投入体系，多渠道增加扶贫开发投入，逐步构建了较为健全的财政扶贫体系。

不断加大对贫困地区的一般性转移支付力度。中央财政在安排一般性转移支付时，充分考虑财力缺口因素，财政资金分配向贫困地区倾斜，保障贫困地区的基本公共产品供给水平，特别是对高海拔高寒地区、中西部革命老区、民族地区、边疆地区等，支持力度要远远大于其他地区。从贫困地区县级财政收支情况看，近年来，全国国家扶贫开发工作重点县和连片特

① 《十八大以来重要文献选编》（下），中央文献出版社2018年版，第48页。

困地区县一般预算支出中，上级补助及返还占比达80%，切实增强了贫困地区财力保障水平。

专项转移支付向农村贫困地区、贫困人口倾斜。在安排专项转移支付时，既考虑贫困因素，又考虑努力脱贫程度，资金分配向贫困地区倾斜，积极引导和鼓励贫困地区主动脱贫。在支持改善农民生产生活条件及农业生产发展方面，利用可再生能源发展专项资金支持四川、青海等无电地区建设光伏发电设施，解决了无电人口用电问题。车辆购置税收入补助地方资金向中西部地区、老少边穷地区倾斜。对贫困地区农业综合开发项目执行较低的地方财政分担比例。中央财政安排的支持农业生产发展、草原生态保护、退耕还林、农田水利设施建设、水库移民后期扶持、"一事一议"奖补资金等，也发挥了重要的减贫作用。医疗卫生和社会保障方面，在安排相关专项转移支付时，对贫困问题较为突出的中西部地区给予倾斜。教育发展方面，支持实施"两免一补"政策，农村义务教育阶段学生全部享受免学杂费和免费教科书政策，对中西部地区家庭经济困难寄宿生发放生活费补助。

稳步增加财政专项扶贫资金投入。中央财政坚持将专项扶贫资金投入作为支出保障的重点之一，不断稳步增加财政专项扶贫资金投入。中共十八大以来，中央财政专项扶贫资金连年增长。财政部发布的数据显示，2019年安排中央专项扶贫资金1261亿元，2016年至2019年连续4年每年净增200

亿元。2016 年至 2019 年，中央财政累计安排专项扶贫资金 3843.8 亿元，年均增长 28.6%；省级财政专项扶贫资金年均增长在 30% 以上，市县相应的也加大了专项扶贫资金投入，据测算，2018 年、2019 年，省和市县财政专项扶贫资金都超过了 1000 亿元；2016 年至 2019 年，财政部还安排地方政府债务资金约 3500 亿元用于脱贫攻坚，吸引更多的金融资金、社会资金、企业资金投入脱贫攻坚工作中。中共十八大以来，共安排异地扶贫搬迁专项贷款 2000 多亿元，扶贫小额信贷累计超过 5000 亿元。

二是完善多位一体的金融扶贫机制。金融扶贫是打赢脱贫攻坚战的重大举措。习近平总书记在 2015 年中央扶贫工作会议上强调指出："要做好金融扶贫这篇文章。"仅靠有限的财政扶贫资金难以满足扶贫攻坚资金的需要，只有将财政资金和金融资金有机结合起来，充分发挥金融资金在扶贫攻坚中的作用，形成集中攻坚的强大合力，才能顺利完成精准扶贫精准脱贫攻坚任务。

1986 年，国务院每年安排 10 亿元专项扶贫贴息贷款，用于支持国家贫困县发展农牧业生产。2001 年，中国人民银行印发《扶贫贴息贷款管理实施办法》，进一步完善了扶贫贴息贷款政策。2013 年，中共中央办公厅、国务院办公厅印发《关于创新体制机制扎实推进农村扶贫开发工作的意见》，提出了做好扶贫开发工作的六项创新机制和十项重点工作，要求从创新金融产品和服务、推动农村金融合作、完善扶贫贴息贷款、进一步推广小额信用贷款等方面完善金融扶贫服务机制。2014年3月，中国人民银行与财政部、扶贫办等七部门联合出台了《关于全面做好扶贫开发金融服务工作的指导意见》，从货币信贷、差别化监管等方面加大了金融精准扶贫力度，明确了基础设施建设、经济发展和产业结构升级、就业创业和贫困户脱贫致富、生态建设和环境保护四项重点支持领域，设立了信贷投入总量持续增长、直接融资比例不断上升、组织体系日趋完善、服务水平明显提升四个维度的工作目标，提出了发挥政策性、商业性和合作性金融的互补优势，完善扶贫贴息贷款政策，优化金融机构网点布局，改善农村支付环境等十项重点工作。2015年，中共中央、国务院印发的《关于打赢脱贫攻坚战的决定》，提出设立扶贫再贷款、发行政策性金融债等金融扶贫政策，金融扶贫力度进一步加大。2016年3月，中国人民银行等七部门联合印发了《关于金融助推脱贫攻坚的实施意见》，围绕"精准扶贫精准脱贫"基本方略，提出全面改进和提升扶贫金融服务、增强扶贫金融服务的精准性和有效性。从准确把握精准扶贫要求、精准对接融资需求、推进惠普金融发展、发挥好各类金融机构主体作用、完善精准扶贫保障措施和工作机制等6个方面进一步提出了22项金融助推脱贫攻坚的具体措施。

多方参与是合力。扶贫是一个系统工程，涉及金融支持、社会救助、产业发展等多个领域，涉及党组织、政府、社会、市场多个行为主体。扶贫必须形成合力，形成各方力量各司其职、各展其长的体制机制。

一是提高东西部扶贫协作水平。东西扶贫协作政策是指中国改革开放以来党和国家动员组织东部经济较发达省（自治区）市县对西部欠发达地区或部门提供经济援助和技术人才援助，是促进贫困地区发展和贫困人口脱贫致富的一种扶贫政策。开展多层次扶贫协作。建立东西部扶贫协作与建档立卡贫困村、贫困户的精准对接机制，做好与西部地区脱贫攻坚规划的衔接，确保产业合作、劳务协作、人才支援、资金支持精确瞄准建档立卡贫困人口。东部省份根据财力增长情况，逐步增加对口帮扶财政投入，并列入年度预算。启动实施东部省份经济较发达县（市）与对口帮扶省份贫困县"携手奔小康"行动，着力推动县与县精准对接。探索东西部乡镇、行政村之间结对帮扶。拓展扶贫协作有效途径。注重发挥市场机制作用，推动东部人才、资金、技术向贫困地区流动。鼓励援助方利用帮扶资金设立贷款担保基金、风险保障基金、贷款贴息资金和中小企业发展基金等，支持发展特色产业，引导优势企业到受援方创业兴业。鼓励企业通过量化股份、提供就业等形式，带动当地贫困人口脱贫增收。鼓励东部地区通过共建职业培训基地、开展合作办学、实施定向特招等形式，对西部地区贫困家庭劳动力进行职业技能培训，并提供就业咨询服务。帮扶双方建立和完善省市协调、县乡组织、职校培训、定向安排、跟踪服务的劳务协作对接机制，提高劳务输出脱贫的组织化程度。以县级为重点，加强协作双方党政干部挂职交流。采取双向挂职、两地培训等方式，加大对西部地区特别是基层干部、贫困村创业致富带头人的培训力度。支持东西部学校、医院建立对口帮扶关系。

二是健全定点扶贫机制。结合当地脱贫攻坚规划，制订各单位定点帮扶工作年度计划，以帮扶对象稳定脱贫为目标，强化帮扶举措，提升帮扶成效。各单位积极选派优秀中青年干部到定点扶贫县挂职、担任贫困村第一书记。省市县三级党委、政府参照中央单位做法，组织党政机关、企事业单位开展定点帮扶工作。完善定点扶贫牵头联系机制，各牵头单位落实责任人，加强工作协调，督促指导联系单位做好定点扶贫工作，协助开展考核评价工作。

三是推进军队和武警部队帮扶。中央军委机关各部门（不含直属机构）和副战区级以上单位机关带头做好定点帮扶工作。省军区系统和武警总队帮扶本辖区范围内相关贫困村脱贫。驻贫困地区作战部队实施一批具体扶贫项目和扶贫产业，部队生活物资采购注重向贫困地区倾斜。驻经济发达地区部队和有关专业技术单位根据实际承担结对帮扶任务。此外，军队和武警部队还发挥思想政治工作优势，深入贫困地区开展脱贫攻坚宣传教育，组织军民共建活动，传播文明新风，丰富贫困人口精神文化生活。发挥战斗力突击力优势，积极支持和参与农业农村基础设施建设、生态环境治理、易地扶贫搬迁等工作。发挥人才培育优势，配合实施教育扶贫工程，接续做好"八一爱民学校"援建工作，组织开展结对助学活动，团级以上干部与贫困家庭学生建立稳定帮扶关系。采取军地联训、代培代训等方式，帮助贫困地区培养实用人才，培育一批退役军人和民兵预备役人员致富带头人。发挥科技、医疗等资源优势，促进军民两用科技成果转化运用，组织军队和武警部队三级医院对口帮扶部分贫困县县级医院，开展送医送药和巡诊治病活动。帮助革命老区加强红色资源开发，培育壮大红色旅游产业。

四是健全社会力量参与机制。坚持"政府引导、多元主体、群众参与、精准扶贫"的原则，鼓励支持民营企业、社会组织、个人参与扶贫开发，实现社会帮扶资源和精准扶贫有效对接。健全组织动员机制，搭建社会参与平台，完善政策支撑体系，营造良好社会氛围。尊重帮扶双方意愿，促进交流互动，激发贫困群众内生动力，充分调动社会各方面力量参与扶贫的积极性。推动社会扶贫资源动员规范化、配置精准化和使用专业化，真扶贫、扶真贫，切实惠及贫困群众。引导社会扶贫重心下移，自愿包村包户，做到贫困户都有党员干部或爱心人士结对帮扶。

群众参与是基础。贫困群众既是脱贫攻坚的对象，更是脱贫致富的主体，贫困群众的积极参与才是精准扶贫成功的关键。群众参与，就是尊重贫困群众扶贫脱贫的主体地位，不断激发贫困村贫困群众内生动力。习近平总书记指出，"脱贫攻坚，

群众动力是基础。必须坚持依靠人民群众，充分调动贫困群众积极性、主动性、创造性，坚持扶贫和扶志、扶智相结合"①。

　　一是采取有效措施，增强贫困群众立足自身实现脱贫的决心信心。习近平总书记指出："要坚定信心。只要有信心，黄土变成金。贫困地区尽管自然条件差、基础设施落后、发展水平低，但也有各自的有利条件和优势。只要立足有利条件和优势……充分调动广大干部群众的积极性，树立脱贫致富、加快发展的坚定信心，发扬自力更生、艰苦奋斗精神，坚持苦干实干，就一定能改变面貌。"② 开展宣传教育。大力弘扬"脱贫攻坚是干出来的""幸福是奋斗出来的""滴水穿石""弱鸟先飞""自

---

① 《习近平扶贫论述摘编》，中央文献出版社2018年版，第143页。
② 《做焦裕禄式的县委书记》，中央文献出版社2015年版，第17页。

力更生"等精神，帮助贫困群众摆脱思想贫困、树立主体意识。大力宣传脱贫攻坚目标、现行扶贫标准和政策举措，让贫困群众知晓政策，更好地参与政策落实并获得帮扶。加强技能培训。围绕贫困群众发展产业和就业需要，组织贫困家庭劳动力开展实用技术和劳动技能培训，确保每一个有培训意愿的贫困人口都能得到有针对性的培训，增强脱贫致富本领。组织贫困家庭劳动力参加劳动预备制培训、岗前培训、订单培训和岗位技能提升培训，支持边培训边上岗，突出培训针对性和实用性，将贫困群众培育成为有本领、懂技术、肯实干的劳动者。强化典型示范。选树一批立足自身实现脱贫的奋进典型和带动他人共同脱贫的奉献典型，用榜样力量激发贫困群众脱贫信心和斗志，营造比学赶超的浓厚氛围。组织开展全国脱贫攻坚奖评选，组织先进事迹报告会，支持各地开展脱贫攻坚奖评选表彰活动，加大对贫困群众脱贫典型表彰力度，用身边人身边事教育引导身边人，让贫困群众学有榜样、干有方向，形成自力更生、脱贫光荣的鲜明导向。制作扶贫公益广告，宣传榜样力量。

二是增强脱贫攻坚中的群众参与度，不断提高贫困群众脱贫能力。积极引导贫困群众发展产业和就业。支持贫困群众发展特色产业，大力开展转移就业，开发扶贫岗位，在有条件的地方建设扶贫车间，确保有劳动力的贫困户至少有一项稳定脱贫项目。加强贫困村致富带头人培育培养，增强新型经营主体带动作用，提高贫困群众发展生产的组织化、规模化、品牌化程度。完善产业扶贫奖补措施，鼓励和支持贫困群众发展产业增收脱贫。加大以工代赈实施力度。大力推广自建、自管、自营等以工代赈方式，通过投工投劳建设美好家园。强化工作指导，督促地方切实组织和动员当地贫困群众参与工程建设，改善贫困乡村生产生活条件。减少简单发钱发物式帮扶。规范产业扶贫和光伏扶贫。财政资金和村集体资产入股形成的收益主要支持村集体开展扶贫。推广有条件现金转移支付方式，除现行政策明确规定以现金形式发放外，原则上不得无条件发放现金。不得包办代替贫困群众搞生产、搞建设，杜绝"保姆式"扶贫，杜绝政策"养懒汉"。发挥贫困群众主体作用。尊重贫困群众的首创精神和主体地位，鼓励贫困群众向村"两委"签订脱贫承诺书，明确贫困群众脱贫责任。落实贫困群众知情权、选择权、管理权、监督权，引导贫困群众自己选择项目、实施项目、管理项目、验收项目，参与脱贫攻坚项目全过程。

三是推进移风易俗，引导贫困群众健康文明新风尚。提升乡风文明水平。持之以恒推进农村精神文明建设，着力培育文明乡风、良好家风、淳朴民风。在贫困地区开展文明村镇、文明家庭、星级文明户等创建活动。持续开展贫困村改水、改厕、改厨、改圈等人居环境整治。加大贫困地区文化供给。组织文艺院团、文艺工作者等创作一批反映贫困地区本地文化、展现贫困群众自力更生精神风貌的文艺影视作品。培育挖掘贫困地区本土文化人才，支持组建本土文化队伍，讲好富有地方特色、反映群众自主脱贫的故事。发挥村民治理机制和组织作用。指导修订完善村规民约，传承艰苦奋斗、勤俭节约、勤劳致富、自尊自强、孝亲敬老、遵纪守法等优良传统，引导贫困群众自觉遵守、自我约束。鼓励成立村民议事会、道德评议会、红白理事会、禁毒禁赌会等自治组织，规劝制止陈规陋习，倡导科学文明生活方式。加强对不良行为的惩戒。开展高额彩礼、薄养厚葬、子女不赡养老人等摸底调查，有针对性地开展专项治理，逐步建立治理长效机制。探索设立红黑榜，曝光攀比跟风、环境脏乱差、争当贫困户等不良行为。加强诚信监管，将有故意隐瞒个人和家庭重要信息申请建档立卡贫困户和社会救助、具有赡养能力却不履行赡养义务、虚报冒领扶贫资金、严重违反公序良俗等行为的，列入失信人员名单，情节严重、影响恶劣的，通过公益诉讼等手段依法严厉惩治。对参与黑恶活动、黄赌毒盗和非法宗教活动且经劝阻无效的贫困人口，可取消其获得帮扶和社会救助的资格。

脱贫攻坚着力避免的误区

防止返贫和继续攻坚同样重要。衡量脱贫攻坚成效，关键要看能否做到不返贫，而要做到不返贫，就要实现脱贫攻坚成果可持续。实际上，精准扶贫精准脱贫的难点就在于如何做到稳定脱贫不返贫。这是习近平总书记在推动精准扶贫精准脱贫过程中反复强调的问题，也是扶贫攻坚成果能否经得起历史检验的关键。

一是防止返贫是脱贫攻坚中与继续攻坚同等重要的大事。返贫是指贫困人口在脱贫之后又重新陷入贫困的现象。一般而言，返贫具有普遍广泛性、地区差异性和可防可控性等特征。前期扶贫开发的实践已经充分证明，只要注重返贫防控机制建设，加大对贫困人口"造血"功能的建设，返贫是能够得到有效防控的。近年来，随着精准扶贫的大力实施，中国的贫困人口得到大幅削减，但农村返贫率依然较高。返贫人口的大量出现，一方面削减了以往扶贫攻坚的成果，影响到全面小康社会的建设进程和"两个一百年"奋斗目标的实现进程，另一方面也极大地挫伤了贫困户继续脱贫致富的信心，增强了后续脱贫攻坚的难度。2017年习近平总书记在参加十二届全国人大五次会议四川代表团审议时指出："防止返贫与继续攻坚同样重要，已经摘帽的贫困县、贫困村、贫困户，要继续巩固，增强'造血'功能，建立健全稳定脱贫长效机制，坚决制止扶贫工作中的形式主义。"这一讲话，旗帜鲜明地指出了防止返贫的重要意义和工作路径。截至2019年底，根据各地摸底，已脱贫人口中有近200万人存在返贫风险，边缘人口中还有近300万存在致贫风险。防止返贫已被摆上脱贫攻坚重要位置。

二是多方面原因导致贫困户返贫。虽然中国在脱贫攻坚战中取得了举世瞩目的成绩，但脱贫任务依然繁重，一些地方出现的脱贫再返贫等问题，也暴露出在稳定脱贫成果方面还存在一定问题。造成贫困户脱贫又返贫的原因主要有两方面：一方面，只注重物质扶贫，忽略后续工作。贫困户之所以贫困，部分是因为没有资金去实现自己的想法。这类原因导致贫困，政府给予一定的物资援助，确实是对症下药。但政府在给予一定物资援助之后，还应给予相应的技术支持和必要的市场指导，只有这样才能提高贫困户的"造血"能力。另一方面，不注重精神扶贫，少数贫困户靠政府补助脱贫。当前靠政府兜底实现脱贫的贫困人口也不在少数，一些贫困户知道自己什么也不用做，都会拿到贫困补贴，即所谓"躺着脱贫"。对待这类存在"坐吃山空"思想的贫困户，政府不仅应该给予物质帮扶，更应该注重思想帮扶，调动他们的主观能动性，让他们从内心想脱贫。

三是建立健全长效机制，切实预防返贫。预防返贫是一项系统工程，必须立足全局、科学谋划，搞好顶层设计，建立健全长效机制。

建立健全返贫管理机制。进一步健全和完善关于脱贫户和脱贫人口的动态信息管理系统，并在此基础上建立分类动态管理台账，根据脱贫户现有的产业、副业、外出务工及经商等收支状况，将其划分为不易返贫户、容易返贫户和极易返贫户3个不同的等级。对已经脱贫的人口进行跟踪监测，并强化对相对脱贫户、贫困边缘户的后续帮扶工作，有效防止其"刚越线，又返贫"现象的发生。进一步建立"因势利导、分级施策"的帮扶机制，针对不同等级的脱贫户采取不同的帮扶政策，对一级脱贫户以"帮"为主，二级脱贫户以"扶"为主，三级脱贫户以"引"为主，正确运用"授渔"与"授鱼"的法宝，妥善处理"造血"与"输血"的关系，通过分级监控、分级管理、分级施策，提高脱贫户的自我发展能力。

切实完善产业扶贫机制。培育具有本地特色的扶贫支柱产业，是使刚脱贫并且还处在贫困边缘群众稳定增收的主要渠道，也是防止已经脱贫群众再次返贫的有效举措。进一步明确发展目标，用现代发展理念引领产业发展。始终坚持以市场为导向，以效益优先为原则，紧紧依托当地资源禀赋和产业基础，认真做好产业规划，发展当地特色优势产业，不断巩固脱贫户的经济基础，确保其永续脱贫。进一步强化科技支撑，用现代科技促进产业发展。产业扶贫过程中必须高度重视先进种养技术的推广、普及和运用。坚持技术人员"送下去教"与将种养户"请上来学"相结合，加大送科技下乡力度，帮助贫困户提高运用先进技术增产增收的能力。进一步拓展市场，用现代经营形式推进贫困地区产业发展。积极扶持具有强劲市场竞争力的优势产业，指导贫困群众根据本地资源承载能力和市场发展空间来发展特色产业，以帮助他们合理确定产业发展规模，避免"增产不增收"等情况的出现，切实提高产业扶贫的效益。

建立健全社会保障机制。建立健全社会保障机制是遏制贫困户脱贫后再次返贫的有效保障。进一步完善各类社会保障制度，包括养老、助残、医疗卫生、教育等方面的社会保障制度，对已经脱贫但尚未稳固的脱贫人口进行兜底式帮扶。进一步建立健全灾害救助机制，防止脱贫群众因灾返贫。建立健全各类自然灾害的监测预报系统，加强对地震、泥石流、洪涝灾害、气象灾害和森林防火等自然灾害的预警监测。健全和完善防灾救灾的财政资金投入机制，切实落实相关省、市、县、乡的配套资金，为防灾救灾提供充足的资金保障。进一步健全贫困人口就业保障机制。对有外出务工愿望的困难群众，合理引导，帮助其实现外出务工，做好用人单位与务工人员之间的牵线搭桥工作。对缺乏技能的贫困群众，要加大免费教育培训的力度，提升其职业技能水平和人文素养。

防止扶贫中的形式主义、官僚主义。 脱贫攻坚事关百姓福祉，事关国家长治久安，做好新时期的扶贫工作，必须跳出形式主义的牢笼，多些真诚，少些套路；多做实事，少务虚功，让基层干部解开束缚、放开手脚，在脱贫攻坚战场轻装上阵。

一是扶贫中还有形式主义、官僚主义表现。脱贫攻坚工作要实打实干，一切工作都要落实到为贫困群众解决实际问题上，不能搞花拳绣腿，不能搞繁文缛节，不能做表面文章。2018年中国两会期间，习近平总书记在甘肃代表团发表的重要讲话中，为群众反映的脱贫攻坚战中的形式主义、官僚主义做法勾画了几幅肖像。在这次讲话中，习近平总书记集中点出了几类问题："虚假式"脱贫、"算账式"脱贫、"指标式"脱贫、"游走式"脱贫，并提出要高度重视、坚决克服。

关于"虚假式"脱贫。比如，一些地方仅靠给钱给物"输血式"脱贫摘帽，并没有把产业搞起来，或是帮助贫困户就业，形成自我"造血"。结果是贫困户虽然一时脱贫了，但第二年、第三年可能又返贫。

关于"算账式"脱贫。比如，一些地方给帮扶干部摊派脱贫指标，一些帮扶干部把不少精力用在了"算账"上，"研究"怎么把帮扶对象尽快"算"出去。有贫困户反映，自己春天在扶贫资金支持下刚种上果树，年底就"被脱贫"了。

关于"指标式"脱贫。比如，一些基层扶贫工作被简单变成下任务、定指标，并按指标完成情况进行考核。特别是在扶贫投入方面，使用产业扶贫资金有指标，发放扶贫小额信贷也有指标，为足额定量完成上级主管部门下达的指标任务，一些地方只能突击花钱，在缺乏科学规划的情况下拍脑袋决策、简单化分钱，导致扶贫资金被滥用甚至冒用，没能真正惠及贫困户。

关于"游走式"脱贫。比如，一些地方为了完成脱贫任务，将一些贫困人口易地搬迁，在数字上使得这个地方的贫困人口减少了，但由于搬迁者在新地方没能谋得就业机会或过上稳定的生活，过一段时间又返回原地，重新陷入贫困。这种脱贫是游走状态的、不稳定的，随时可能再次陷入贫困。

此外，习近平总书记还多次提到过突击脱贫、提前脱贫、数字脱贫、贷款脱贫、预算脱贫、低保脱贫等现象。这些都可谓脱贫攻坚工作中存在的形式主义、官僚主义。在实际工作中，贫困县摘帽后，也不能马上撤摊子、甩包袱，要继续完成剩余贫困人口脱贫问题，做到摘帽不摘责任、不摘政策、不摘帮扶、不摘监管。这对克服和根治脱贫攻坚战中的形式主义、官僚主义作风具有重要意义。

二是打赢精准扶贫攻坚战来不得半点"虚"。精准扶贫既然是一场攻坚战，各级领导干部作为"指战员"，就来不得半点"虚"的。习近平总书记在主持中共中央政治局第三十九次集体学习时强调："要防止形式主义，扶真贫、真扶贫，扶贫工作必须务实，脱贫过程必须扎实，脱贫结果必须真实，让脱贫成效真正获得群众认可、经得起实践和历史检验。"真正打好扶贫攻坚战,取得这场攻坚战的最后胜利,必须将扶贫干部从形式主义、官僚主义阵营中争取过来,实现扶贫干部队伍的"脱虚返实"。这场干部"争夺战",必须在"实"字上下功夫。

压紧压实主体责任。重点是把精准脱贫的方案做实,逐户落实帮扶责任人,实行"一户一策、一户一法",摸清底子,找准穷根,把责任落实到人。加强对扶贫工作的统筹,建立脱贫攻坚的网络信息技术平台,既加强督察,又减少重复检查、考核,让扶贫干部把时间精力放在干实事、求实效上。国务院扶贫办曾发出通知,从减少填表报数、减少检查考评、减少会议活动、减少发文数量、规范调查研究、严格监督问责6个方面,要求各地制止频繁填表报数、迎评迎检、陪会参会等大量耗费基层干部精力的行为。自2018年起,扶贫数据主要通过国务院扶贫办建立的建档立卡信息系统上报,不再要求县以下单位通过其他渠道提供。

建立健全监督问责机制。动员千遍,不如问责一次。进一步建立健全监督问责机制,采用明察暗访等方法,结合媒体、社会等监督力量,及时发现脱贫攻坚工作中的形式主义等问题,对搞数字脱贫、虚假脱贫和违纪违规动扶贫"奶酪"的,严惩不贷。要真抓实干,全力以赴打赢打好脱贫攻坚战。

要绣花功夫不要花拳绣腿。扶贫攻坚应该在绣花针式的工作作风上下功夫。多一针则庸,少一针则乱。绣花功夫成于细

"出水才见两腿泥"。扶贫工作必须务实,脱贫过程必须扎实,扶真贫、真扶贫,脱贫结果必须真实,让脱贫成效真正获得群众认可、经得起实践和历史检验,决不搞花拳绣腿,决不摆花架子。要实施最严格的考核评估,开展督查巡查,对不严不实、弄虚作假的,要严肃问责。

——习近平:《在十八届中央政治局第三十九次集体学习时的讲话》(2017年2月21日)

致且贵在精准,扶贫工作亦是如此。必须合理分配时间精力,有效区分轻重缓急,把扶贫资源都用在针尖上、用在刀刃上,有条不紊地推进扶贫工作。只有找准对象、明确目标,用细致的措施和切实的手段对症下药,才能真正实现精准扶贫、精准脱贫。

要久久为功不要浅富辄止。象征性地到贫困户家中坐一坐、走马观花式地下基层扶贫调研、蜻蜓点水地使用扶贫资金,这些"浮贫"工作只可能造成海市蜃楼的脱贫假象,不会从根本上扭转贫困现状。既要设定合理的脱贫目标,还要提前谋划脱贫之后的生产生活,留出一定的发展空间和增长潜力;既要巩固脱贫的成效成果,还要把防止返贫放在重要的位置,增强贫困点抵御风险能力;既要"授之以鱼"还要"授之以渔",为贫困村打开连接世界的门窗,引导贫困群众一步一个脚印,勤劳致富奔小康。

扶贫要先扶志。2018 年 5 月 31 日，习近平总书记在主持召开中共中央政治局会议时强调，要开展扶贫扶志行动，提高贫困群众自我发展能力。对那些有劳动能力、无脱贫志气的贫困户，做好思想引导、克服思想惰性是激发其内生动力的前提。只有当贫困人口意识到通过劳动有摆脱贫困的可能、尝到了脱贫致富的甜头，调动其扶贫意愿、靠其努力摆脱长期贫困才会成为可能。

人穷不能志短，扶贫先要扶志。脱贫攻坚工作开展以来，数不清的工作队进村入户帮扶，无数的党员干部和贫困群众结了对子，这些扶贫力量，点亮了贫困群众脱贫致富的希望之火，让贫困群众更加坚定了脱贫的信心和决心。在空前的帮扶力度之下，在贫困群众十足的干劲当中，相当一部分贫困群众摆脱贫困，过上了富裕幸福的好日子。然而，在这样的"主流"之外，却还有一些"支流"让人痛心，那就是部分贫困群众不怕穷，更没有脱贫的志气和行动。因此，打赢脱贫攻坚战既需要政府和社会各界的帮扶，也需要贫困群众自身的努力。在如火如荼的脱贫攻坚战中，绝大多数建档立卡贫困户破除思想桎梏，充分发挥了自身主体作用，从被动脱贫到主动致富。一些地区的优良经验值得借鉴。

一是加强扶志教育，树立正确荣辱观。在教育内容上，继续深入推进社会主义核心价值观的培育和践行，尤其对甘心当贫困户、想当贫困户的要适时给予心灵鞭打，培育人穷志不穷，穷则思变、穷则思勤的奋斗精神和脱贫的勇气决心。在教育方式上，利用村民代表会议、贫困户会议和"农民夜校"等载体，开展党的方针政策、种养殖技术等理论培训和自力更生、艰苦奋斗等中华民族传统美德的教育。"少年强则国强。"要同时利用学校这一平台，加强对中小学生进行脱贫攻坚政策的宣传和引导。

二是培优选树脱贫典型，以点带面。重视选好用好致富带头人、脱贫户讲述自己的"创业经"和"致富史"，唱响脱贫攻坚主旋律，形成示范效应。始终坚持正确的舆论导向，及时发现、总结、推广、宣传一批扶贫、脱贫典型人物事迹，并适当给予物质奖励，营造"扶贫贵在立志"的良好社会氛围。

三是严厉惩处精神贫困"患者"。对不愿劳动、不想脱贫的建档立卡贫困户，可按照村规民约严格标准、严格要求、严格程序，取消其贫困户资格，以此鞭策和激励。

"帮钱帮物，不如帮助建个好支部。" 投钱、上项目固然重要，但这不是扶贫工作的全部，甚至不是主要的方面，要用更多精力抓好强农富农惠农政策的落实，加强村级组织建设，选好致富路子，做好群众工作。农村要发展，农村要致富，关键靠支部。贫困村之所以贫困，除了自然的、历史的、客观的因素外，更重要的是队伍、人的问题，是观念、信心、能力的问题。

只有建设好农村党支部，才能打造一支"不走的扶贫工作队"。扶贫工作队,其作用在于帮扶、引领、示范,其总有离开扶贫地点的一天,打赢脱贫攻坚战的主体还是生活在这片土地上的老百姓。只有将村里的能人、带头人选出来、用得好,使他们成为带领群众脱贫致富的中坚力量,成为农村党支部这个战斗堡垒的主人公,才能打造一支"不走的扶贫工作队"。

只有建设好农村党支部,才能培养一批带领群众致富的带头人。打赢脱贫攻坚战,必须培养造就一批能够带领群众共同致富的带头人,并通过他们的示范引领,促进乡村本土人才的回流,为乡村振兴奠定坚实的人才基础。

只有建设好农村党支部,才能夯实党的基层组织建设。事实证明,建设好一个农村党支部,使每一名党员干部发挥好先锋模范带头作用,广大基层党员干部就能在脱贫致富上下功夫、做文章、找出路,就能在火热的实践中出好班子、好思路、好机制、好作风,就会促进队伍成长、产业生根、制度升华、标杆涌现,就能确保一方安定团结、繁荣发展。

村党支部是打赢脱贫攻坚战最前沿的战斗堡垒,只有一线支部团结带领广大群众,才能最大限度凝聚力量,才能决战决胜脱贫攻坚。支部的思想,是人民脱贫致富的底气;支部的行动,是人民脱贫致富的动力。扶贫首要扶支部。帮钱帮物,不如帮助建个好支部。

第七章

减贫政策贡献：中国脱贫攻坚的主要政策体系

　　贫困是一个结构复杂、涉及面广、外部性明显的社会经济问题。同样，减贫脱贫也是一项政策性强、实施难度大、各方面关联度高的社会和经济治理问题。中国共产党和中国政府注重在扶贫工作中发挥政策主导和引领作用，积极构建符合国情的脱贫攻坚政策体系，为打赢脱贫攻坚战提供政策支持和保障。

第一节

构建和完善财政扶贫政策体系

财政投入是重要的扶贫政策手段，在贫困问题的解决过程中发挥着至关重要的作用。在新时期的扶贫形势和战略要求下，中国共产党和中国政府重新审思财政扶贫治理逻辑，构建精准多元、合理有效的财政扶贫治理体制机制，努力完成脱贫攻坚的战略目标。具体说来，面对新时期新要求，以"精准扶贫、科学扶贫、内源扶贫"为核心，构建财政扶贫治理框架。在技术层面，瞄准致贫因素，强化信息对称；在社会层面，对接扶贫对象意愿，帮助贫困群体持续受益；在经济层面，提高扶贫资金配置效率和使用效益，引导和放大扶贫资源，推动贫困人口脱贫减贫。

*进一步优化财政转移支付制度设计。*中央财政继续加大对贫困地区的转移支付力度，中央财政专项扶贫资金规模实现较大幅度增长，一般性转移支付资金、各类涉及民生的专项转移支付资金和中央预算内投资进一步向贫困地区和贫困人口倾斜。对一般性转移支付，财政资金在充分考虑各种因素的前提下，

继续向贫困地区倾斜，保障贫困地区的基本公共产品供给水平；对专项转移支付，财政资金也在增量资金中安排一定比例用于引导和鼓励贫困地区主动脱贫，建立"正向激励、科学竞争"的模式。中国还加大了中央集中彩票公益金对扶贫的支持力度，要求农业综合开发、农村综合改革转移支付等涉农资金明确一定比例用于贫困村。政府部门安排的各项惠民政策、项目和工程，也最大限度地向贫困地区、贫困村、贫困人口倾斜。各省（自治区、直辖市）根据本地脱贫攻坚需要，也积极调整省级财政支出结构，切实加大扶贫资金投入。通过扩大中央和地方财政支出规模，增加对贫困地区水电路气网等基础设施建设和提高基本公共服务水平的投入。

　　以保障和改善民生为根本目的，破除财政政策的碎片化、扶贫资金的部门化，注重财政资源的多层次立体式整合，充分发挥项目的整体最大化优势。注重加强对扶贫财政资金的监管、评估、考核和问责，充分发挥市场机制和社会组织作用，提升资源配置效率。建立健全脱贫攻坚多规划衔接、多部门协调长效机制，整合目标相近、方向类同的涉农资金。按照权责一致原则，支持连片特困地区县和国家扶贫开发工作重点县围绕本县突出问题，以扶贫规划为引领，以重点扶贫项目为平台，把专项扶贫资金、相关涉农资金和社会帮扶资金捆绑集中使用。严格落实国家在贫困地区安排的公益性建设项目取消县级和西部连片特困地区地市级配套资金的政策，并加大中央和省级财政投资补助比重。在扶贫开发中推广政府与社会资本合作、政府购买服务等模式。加强财政监督检查和审计、稽查等工作，建立扶贫资金违规使用责任追究制度。纪检监察机关对扶贫领域虚报冒领、截留私分、贪污挪用、挥霍浪费等违法违规问题，坚决从严惩处。推进扶贫开发领域反腐倡廉建设，集中整治和加强预防扶贫领域职务犯罪工作。多数贫困地区建立了扶贫公告公示制度，强化社会监督，保障扶贫资金在阳光下运行。

第二节

构建和完善金融扶贫政策体系

在新时期扶贫开发工作中，仅靠有限的财政扶贫资金难以满足脱贫攻坚资金的需要，只有将财政资金和金融资金有机结合起来，充分发挥金融资金在脱贫攻坚中的作用，形成集中攻坚的强大合力，才能顺利完成精准扶贫精准脱贫攻坚任务。金融支持精准扶贫，实质就是以扶贫富民为出发点，以扶贫资金扶持为主导，以信贷资金市场化运作为基础，以建立有效风险防控机制为支撑，以扶贫机制创新为保障，解决农民担保难、贷款难问题，放大资金效益，做大做强扶贫特色优势产业，加快贫困地区、贫困农民增收致富步伐，为扶贫攻坚打下坚实基础。

坚持问题导向，大力发展普惠金融，实现普惠金融的规范性、可持续性，增加贫困地区金融服务的可获得性。普惠金融的目的就是要提升金融服务的覆盖率、可得性、满意度，满足人民群众日益增长的金融需求，特别要让农民、小微企业、城镇低收入人群、贫困人群和残疾人、老年人等获取价格合理、便捷安全的金融服务。中国着力推动建立大中小型金融机构并存的普惠金融机构体系，加快农村金融改革创新步伐，降低银行准入门槛，鼓励民间资本发起成立民营银行，规范发展民间融资，促进市场竞争，增加金融供给。优先安排在贫困地区设立村镇银行、小额贷款公司等小微型金融机构。创新基于贫困地区各类产权的金融产品，扩大抵押物品种和范围。积极为不同的贫困群体量身设计金融产品和服务，让金融扶贫产品可以真正惠及和对接贫困地区的经济发展及贫困人口的金融需求。鼓励和支持贫困地区符合条件的企业借助各类债务性融资工具，拓宽直接融资渠道。创新金融服务提供方式，推广非现金支付工具，积极发展网络支付、手机支付等新型支付方式，深化银行卡助农取款和农民工银行卡特色服务，改善贫困地区支付服务环境。

鼓励和引导商业性、政策性、开发性、合作性等各类金融机构加大对扶贫开发的金融支持。运用多种货币政策工具，向金融机构提供长期、低成本的资金，用于支持扶贫开发。如采用"定向降准"、再贴现、差别存款准备金率、支农支小再贷款、差异化监管政策等多种货币政策工具，引导和鼓励金融资源向贫困地区倾斜和聚集，增强贫困地区金融机构资金动员能力，降低社会融资成本。针对贫困地区农户和小微企业融资需求，组织实施金融扶贫攻坚行动，开展金融扶贫示范县、支农再贷款示范区等活动，探索建立金融扶贫主办行制度，促进金融机构与贫困地区特色产业、扶贫项目和新型农业经营主体金融服务需求的精准对接。设立扶贫再贷款，实行比支农再贷款更优惠的利率，重点支持贫困地区发展特色产业和贫困人口就业创业。

*采用多种制度手段拓展扶贫资金渠道与保障资金数量质量。*运用适当的政策安排，动用财政贴息资金及部分金融机构的富余资金，对接政策性、开发性金融机构的资金需求，拓宽扶贫资金来源渠道。由国家开发银行和中国农业发展银行发行政策性金融债，按照微利或保本的原则发放长期贷款，中央财政给予90%的贷款贴息，专项用于易地扶贫搬迁。国家开发银行、中国农业发展银行分别设立"扶贫金融事业部"，依法享受税收优惠。中国农业银行、邮政储蓄银行、农村信用社等金融机构要延伸服务网络，创新金融产品，增加贫困地区信贷投放。对有稳定还款来源的扶贫项目，允许采用过桥贷款方式，撬动信贷资金投入。按照省（自治区、直辖市）负总责的要求，建立和完善省级扶贫开发投融资主体。支持农村信用社、村镇银行等金融机构为贫困户提供免抵押、免担保扶贫小额信贷，由财政按基础利率贴息。加大创业担保贷款、助学贷款、妇女小额贷款、康复扶贫贷款实施力度。优先支持在贫困地区设立村镇银行、小额贷款公司等机构。支持贫困地区培育发展农民资金互助组织，开展农民合作社信用合作试点。

*建立健全风险分散补偿机制，推动金融扶贫可持续发展。*金融扶贫必须坚持可持续性原则，在加大扶贫资金投入的同时，需要做好风险防控。支持贫困地区设立扶贫贷款风险补偿基金，

支持贫困地区设立政府出资的融资担保机构，重点开展扶贫担保业务。积极发展扶贫小额贷款保证保险，对贫困户保证保险保费予以补助。支持商业性担保机构积极拓展符合贫困地区特点的担保业务，建立各类产权流转交易和抵押登记服务平台，有效防控和化解金融机构经营风险，促进在贫困地区形成"贷得出、用得好、还得上"的良性循环机制。扩大农业保险覆盖面，通过中央财政以奖代补等支持贫困地区特色农产品保险发展。支持贫困地区开展特色农产品价格保险，有条件的地方可给予一定保费补贴。有效拓展贫困地区抵押物担保范围。

*整合扶贫资源和力量，构筑脱贫攻坚强大合力。*建立健全金融系统与扶贫开发相关部门的合作机制，确定金融扶贫支持的重点区域、重点产业、重点项目和扶持对象，加强各方在信息共享、政策制定、创新发展等方面的协调联动，为金融机构扶贫项目和对象的选择以及风险管理提供便利条件。构建多元化、全方位、可持续的扶贫政策保障和资金供给体系，加强各部门扶贫政策的协调配合，有效整合各类扶贫资金，特别是发挥财政政策对金融业务的支持和引导作用，进一步落实农户贷款税收优惠、涉农贷款增量奖励、农村金融机构定向费用补贴等政策，降低贫困地区金融机构经营成本。搭建开放式扶贫平台，创新社会扶贫机制，制定优惠政策，激发市场主体和社会资本参与扶贫开发的积极性，形成专项扶贫、行业扶贫、社会扶贫互为补充的大扶贫格局。

创新和完善扶贫开发用地政策

　　土地在一个地区的经济发展中有着至关重要的作用。合理规划和使用土地资源、明晰土地产权，可以极大地发挥土地的潜在生产力，提升民众收益率，带动地区经济社会发展。根据《中国农村扶贫开发纲要（2011—2020 年）》规划，中共中央根据地形地貌结构、民族区域分布与地方经济状况等划定了六盘山区等 14 个集中连片特殊困难地区，作为扶贫攻坚主战场。这些区域广泛分布于西部地区，民族边陲地区、中部山区。受自然基础条件影响，这些区域经济发展落后、基础设施建设投入不足、教育医疗条件较差、人口文化素质较低、思想观念落后、产业结构单一、生态条件脆弱，多方面因素导致区域社会总体发展水平较低。就资源禀赋及土地资源综合管理利用水平而言，区域内又呈现出贫困区特殊矛盾，如：土地资源集中，但资金、技术投入不足，开发利用水平低，产业化程度低，相关行业不配套，统筹发展程度不足；土地绝对数量大但集约利用程度低，土地闲置、浪费现象严重，城市化发展缓慢；耕地面积分布广泛但中低产田占比高，农田基础设施不完备等。为做好新时期脱贫攻坚工作，中国聚焦贫困地区脱贫攻坚实际和土地使用现状，调整完善土地利用总体规划，持续创新和完善土地政策。

*推进国土资源管理制度改革。*在有条件的贫困地区，优先安排国土资源管理制度改革试点，支持开展历史遗留工矿废弃地复垦利用、城镇低效用地再开发和低丘缓坡荒滩等未利用地开发利用试点。鼓励开展土地流转试点，农业用地在土地承包期限内，可以通过转包、转让、入股、合作、租赁、互换等方式出让承包和使用权，鼓励农民将承包的土地向专业大户、合作农场和农业园区流转，发展农业规模经营。促进农用地、农村建设用地适度集中，带动贫困区农业现代化和农产品加工企业产业化，发展特色产业，形成规模聚集，帮助农业增效、农民增收、农村发展。

*加大城乡建设用地增减挂钩支持力度。*鼓励贫困区充分利用城镇建设用地增加与农村建设用地减少相挂钩，以及新农村建设、农村危房改造和地质灾害搬迁工作相结合的城乡统筹相关政策，搞好区域经济及产业发展基础设施建设，促进城乡用地结构的整体化。逐步加大政策支持力度，条件成熟可以考虑进一步扩大试点范围，扩大向贫困地区指标投入。中央和省级在安排土地整治工程和项目、分配下达高标准基本农田建设计划和补助资金时，也向贫困地区倾斜。在连片特困地区和国家扶

贫开发工作重点县开展易地扶贫搬迁，允许将城乡建设用地增减挂钩指标在省域范围内使用。

集中保障安居工程用地。进一步加强贫困地区土地供给管控力度，通过科学编制规划方案，合理测算用地需求，实地调度检查，及时公开用地信息，优先确保保障性住房用地、棚户区改造用地、中小套型商品房建设用地供应，着力保障安居工程用地需要，以提高贫困区人民住房水平，满足贫困区人民住房需要。

持续开展土地整治工程。进一步加大对贫困地区土地整治项目安排与资金支持力度，重点支持贫困地区对低效利用、不合理利用和未利用的土地进行综合整治，恢复利用遭生产建设破坏和自然灾害损毁的土地，提高土地利用效率。统筹推进区域内田、水、路、林、村格局优化，改善贫困区人民群众生产生活条件，大力推进耕地保护和节约集约利用，加大城镇工矿建设用地、农村建设用地整治，盘活存量建设用地供应，加快推进新农村建设和统筹城乡发展。

扎实推进高标准基本农田建设。进一步加大贫困区高标准基本农田建设支持力度，以大规模建设旱涝保收高标准基本农田改变贫困地区农业生产条件。加强基础设施建设，按照"田成方、树成行、路相通、渠相连、旱能灌、涝能排"的标准，在贫困区内科学划定基本农田集中区，有效引导耕地集中连片，优化耕地多功能布局。中央层面进一步加大对扶贫攻坚地区基本农田建设的投入，在政策、项目安排、技术指导、完成指标等方面给予适当倾斜，通过适度开发后备土地，强化补充耕地的数量与质量，加强粮食生产区建设，引导农业产业结构调整，提高贫困区农业产出，实现基本农田质量逐步提高，帮助贫困区脱贫致富。

第四节

发挥科技和人才在扶贫中的重要作用

　　高质量、可持续的脱贫攻坚工作离不开科技和人才的支持。中国坚持以问题为导向，大力发挥科技和人才在脱贫攻坚中的重要作用，着力破除阻碍科技应用和人才发展的体制机制障碍，切实从根本上解决贫困地区经济社会发展问题和贫困人口脱贫致富问题。

　　*以创业式科技扶贫推动城乡生产要素融合。*深入推进三次产业相融合的创业式扶贫，以创业带动就业，采取多种手段加速外部资源向贫困地区的集聚。鼓励支持适合片区功能定位的国有、民营企业在片区内投资办厂或开展其他经营活动，对进入片区内的企业，符合国家财税优惠政策的，依法减免相关税费。大力支持片区内农民专业合作组织的发展，通过合作组织的发育来降低企业进入片区经营的组织成本，促进"一乡一业"的发展。针对贫困地区的特色产业，与"大学农业技术推广模式"相结合，安排涉农大专院校为片区的农业特色产业发展提供技术支撑。鼓励相关科研院所以对口帮扶等形式，围绕片区特色

农产品深加工和延伸产业链等开展合作，提高主导产业产品的科技含量。加大对返乡农民工和农村新成长劳动力的技能培训，为其进入企业或创业提供技能保障，从而最大限度地实现贫困群众就地、就近转移就业。

不断完善和创新科技扶贫项目实施方式和考核机制。中国将能否辐射带动周边贫困地区的发展作为科技扶贫项目选择的首要条件，将该项目计划带动贫困人口的数量和分布情况作为能否获得政府科技扶贫项目支持的先决条件，将产业对周边地区经济增长的带动能力作为产业选择的重要条件。在科技扶贫工作中建立起有效的考核体系，按照实用与科学原则探索建立综合评价体系，将科技扶贫规划与业绩指标考核结合起来，调动各参与主体的积极性。

加大科技扶贫力度，解决贫困地区特色产业发展和生态建设中的关键技术问题。加大技术创新引导专项（基金）对科技扶贫的支持，加快先进适用技术成果在贫困地区的转化。深入推行科技特派员制度，支持科技特派员开展创业式扶贫服务。强化贫困地区基层农技推广体系建设，加强新型职业农民培训。

明确人才需求定位，构建人才用武之地。贫困地区由于经济发展层次较低、实力有限，在人才需求方面不能单纯求"高、精、尖"，应根据本地区经济社会和产业发展的实际对人才的引进、培养和发展作出准确定位。调查发现，贫困地区迫切需要以下几类人才：基层干部人才、资源深度开发人才、实用技术人才、产品营销人才和企业管理人才等。

鼓励各类人才扎根贫困地区基层建功立业。积极制定各种支持性政策，鼓励人才向贫困地区流动，创建绿色通道，面向社会大力引进各方面人才。如建立省市扶贫单位人才扶贫蹲点制，建立高效毕业生派驻帮扶制，建立挂主要领导职务帮扶制，建立项目挂钩帮扶责任制等。大力实施边远贫困地区、边疆民族地区和革命老区人才支持计划，贫困地区本土人才培养计划。建立科学的用才机制，在人才的工资奖金、成长进步、家庭生活、工作环境等方面提供切实的保障，激发人才扎根贫困地区的工作热情。

着眼长远，拓宽人才培养渠道。注重开发本地人力资源，培养地方人才，既利于当地人民的脱贫致富，又利于地区的长期稳步发展。大力探索和利用多种渠道开展人才的培养，积极推进贫困村创业致富带头人培训工程；选派年纪较轻、文化层次较高、基本素质较好的乡村干部和能人精英到发达地区进行跟班学习或者挂职实践；与省市有关科研院校建立比较稳定的代培训关系，定期选派人员进校学习专业技术；组织整合教育资源进行职业培训，为社会培养各种专业技术人才，促进农村剩余劳动力转移；采取定点帮扶的方式，使政府、科研院校、企业、社会组织等多元主体与专业村户、相关企业建立直线技术指导、咨询、交流、帮带关系，以切实发挥社会各方面优势，推动贫困地区加快发展。

建立和完善脱贫攻坚执行体系

为打赢精准脱贫攻坚战，中国着力加强顶层设计，创新扶贫体制机制，推进"四梁八柱"建设，不断建立和完善包括脱贫攻坚责任、政策、投入、监督和考核体系在内的执行体系。

*建立脱贫攻坚责任体系。*加强党对脱贫攻坚的全面领导，实行中央统筹、省负总责、市县抓落实的管理体制。中西部 22 个省份党政主要负责同志向中央签署脱贫攻坚责任书，立下军令状，省、市、县、乡、村五级书记一起抓，层层落实脱贫攻坚责任。贫困县党委和政府承担脱贫攻坚主体责任，党政"一把手"攻坚期内保持稳定。

*建立脱贫攻坚政策体系。*为落实中共中央、国务院《关于打赢脱贫攻坚战的决定》，国务院制定实施《"十三五"脱贫攻坚规划》，中央办公厅、国务院办公厅出台 13 个配套文件，中央各部门和各地区相继出台和完善"1+N"的脱贫攻坚政策举措，打出政策组合拳，使扶贫领域很多"老大难"问题都有了针对性措施，脱贫攻坚支撑体系不断强化。

建立脱贫攻坚投入体系。不断加大资金投入，保障脱贫攻坚各项政策落实。一是不断加大各级财政专项扶贫资金的投入。财政部发布的数据显示，2019 年安排中央专项扶贫资金 1261 亿元，连续 4 年每年净增 200 亿元。2016 年至 2019 年，中央财政累计安排专项扶贫资金 3843.8 亿元，年均增长 28.6%。省级财政专项扶贫资金近年来年均增长 30% 以上，市县财政专项扶贫资金也大幅增长。二是吸进、引导更多的金融资金、社会资金投入脱贫攻坚工作中。近年来，金融部门安排易地扶贫搬迁专项贷款 3500 亿元，扶贫小额信贷累计发放 4300 多亿元，扶贫再贷款累计发放 1600 多亿元。证券业、保险业、土地政策支持力度也不断加大，贫困地区建设用地增减挂钩节余指标流转，累计收益 460 多亿元。[①] 三是提高贫困县扶贫资金项目审批权限，增强县里统筹使用的自主权，让"打酱油的钱可以买醋"。

建立脱贫攻坚监督体系。把全面从严治党要求贯穿脱贫攻坚全过程各环节。国务院扶贫开发领导小组对各地开展脱贫攻坚督查巡查。中央巡视把脱贫攻坚作为重要内容。8 个民主党派中央分别对口 8 个中西部省区，开展脱贫攻坚民主监督。国务院扶贫办设立"12317"全国扶贫监督举报电话，配合人大、政协、民主党派、纪检监察、审计、检察开展监督工作，接受

---

① 习近平：《在打好精准脱贫攻坚战座谈会上的讲话》（2018 年 2 月 12 日）。

社会和媒体监督，把各方面的监督结果运用到考核评估和督查巡查中。全面加强扶贫资金项目监管，违规违纪问题明显减少。

建立脱贫攻坚考核体系。出台省级党委和政府扶贫开发工作成效考核办法、东西部扶贫协作考核办法、中央单位定点扶贫考核办法，组织省际间交叉考核、第三方评估、财政扶贫资金绩效评价和媒体暗访，实行最严格的考核制度。2016 年，组织对 2015 年省级党委和政府扶贫开发工作成效开展试考核，约谈 2 个省；2017 年，组织对 2016 年扶贫开发工作成效开展第一次正式考核，约谈 8 个省区；2018 年，组织对 2017 年扶贫开发工作成效开展第二次正式考核，约谈 4 个省区，有力地促进了全国脱贫攻坚工作。同时，组织第三方对中央和国家机关落实《关于打赢脱贫攻坚战的决定》政策措施情况开展评估。通过考核激励先进，发现解决问题，有效推进工作。

第八章

减贫国际借鉴：中国脱贫攻坚的国际启示和评价

中国是世界上最大的发展中国家。中华人民共和国成立以来，中国人民积极探索、努力奋斗，开创了具有中国特色的减贫道路。在全球减贫事业中，中国从减贫实践的学习者到引领者，积极推动建立以合作共赢为核心的新型国际减贫交流合作关系，致力共建更加公正合理的国际秩序，以更有力的行动实践发出共建一个没有贫困的人类命运共同体的倡议。习近平主席在在联合国日内瓦总部的演讲中指出："中国发展得益于国际社会，中国也为全球发展作出了贡献。中国将继续奉行互利共赢的开放战略，将自身发展机遇同世界各国分享，欢迎各国搭乘中国发展的'顺风车'。"

第一节

中国减贫经验对国际社会的启示

　　中国脱贫攻坚取得的伟大成就，不仅表现为贫困人口的减少和贫困地区的发展，更重要的是探索了一条符合中国国情的扶贫开发道路，成为中国特色社会主义理论体系的组成部分。中国坚持改革开放，以开发促脱贫，把发展作为解决贫困的根本途径，用经济快速增长为大规模减贫奠定了物质基础。坚持党的领导和政府主导，把扶贫开发纳入国家总体发展战略，把减贫作为政府重要工作来抓，开展大规模专项扶贫行动。坚持动员全社会参与，发挥制度优势，构建了政府、社会、市场协同推进的大扶贫格局，形成了跨地区、跨部门、跨单位、全社会共同参与的多元主体的社会扶贫体系。坚持顶层设计，构建体制机制，用制度保障减贫工作的规范化和常态化，先后制定并实施《国家八七扶贫攻坚计划（1993—2000 年）》《中国农村扶贫开发纲要（2001—2010 年）》《中国农村扶贫开发纲要（2011—2020 年）》等一系列战略规划，系统性推动扶贫开发工作不断取得新成就。

　　根据国情，探索符合本国国情的扶贫标准和路径。国家扶贫标准必须充分反映国家经济发展程度、国民收入、居民生活成本和消费水平等各方面指标的变化，以让更多低收入人口更大程度、可持续地享受经济发展带来的好处。一是确立并适时调整扶贫标准。制定符合国情、参照国际、科学合理的扶贫标准，是扶贫工作的基础。根据 2015 年世界银行发布的贫困线国际标准，绝对贫困线标准为每人每天 1.9 美元，一般贫困标准为每人每天 3.1 美元。世界各国在制定贫困标准的时候会考虑到本国实际情况，发展中国家以基本生存需要为线，而发达国家则要考虑过上体面生活。中国根据自身情况经历了 3 次标准大调整。第一次，以解决基本温饱为目标。1986 年中国首次制定贫困标准，用恩格尔系数法，以每人每日 2100 大卡热量的最低营养需求为基准，设定农村贫困标准为年人均纯收入 206 元。第二次，主要考虑兼顾非食品需求。2001 年，根据《中国农村扶贫开发纲要（2001—2010 年）》调整了扶贫标准，纳入部分非食品需求，调整标准为农村年人均纯收入 865 元。

第三次，兼顾适度发展。2011 年，根据《中国农村扶贫开发纲要（2010—2020 年）》，在综合考虑发展水平、解决温饱、适度发展及政府财力等因素的情况下，调整为农村年人均纯收入 2300 元。目前中国的扶贫目标是到 2020 年，稳定实现农村贫困人口不愁吃、不愁穿，义务教育、基本医疗和住房安全有保障。实现贫困地区农民人均可支配收入增长幅度高于全国平均水平，基本公共服务主要领域指标接近全国平均水平。确保中国现行标准下农村贫困人口实现脱贫，贫困县全部摘帽，解决区域性整体贫困。总的来看，中国从 1986 年开始，在社会可承受能力的基础上逐步提高标准，从解决农民的温饱问题到贫困人口的多维度发展，使其获得医疗、教育、住房和社会保障等多方面的公共服务。

伴随着时代发展进步，与时俱进选择扶贫路径。从区域性扶贫到精准扶贫，从"大水漫灌"到"精准滴灌"，从救济式扶贫到开发式扶贫，从外部帮扶到增强内生动力，中国的扶贫路径是根据扶贫阶段不断切换升级的。从新中国成立到 1985 年，中国扶贫开发主要采取的是救济式扶贫方式，对贫困人口"缺啥给啥"。这种方式对农村反贫困一度十分奏效，但是缺少可持续发展的活力，不能从根本上解决贫困问题。20 世纪 80 年代中期，中国政府从根本上调整了扶贫开发战略，确定了开发式扶贫的策略方针，通过对贫困地区开展基础设施建设和生产性项目，培育贫困农户自我发展和自我建设的能力，依靠贫困地区群众自身力量实现脱贫致富，走上可持续发展之路。扶贫主要通过区域性开发，改善基础设施条件，提供政策和资金支持，解决了制约脱贫减贫的共性问题。经过多年持续大规模的减贫工作，面上致贫共性因素影响在下降，但个性因素从隐形变为显性，影响突出。2013 年，习近平总书记在湖南湘西考察时首提"精准扶贫"思想。精准扶贫注重抓"六个精准"，即扶持对象精准、项目安排精准、资金使用精准、措施到户精准、因村派人精准、脱贫成效精准，确保各项政策好处落到扶贫对象身上。坚持发展生产脱贫一批、易地搬迁脱贫一批、生态补偿脱贫一批、发展教育脱贫一批、社会保障兜底一批。

*以人民为中心，注重将发展成果与民众共享。*中国共产党始终坚持以人民为中心的发展思想，把改善人民生活、增进人民福祉作为一切工作的出发点和落脚点。中国在促进经济快速发展的同时，在涉及民生福祉的医疗、教育、住房、环保、食品安全等方面加大投入，增强全体中国人民的获得感、幸福感和安全感，特别是关注农村落后地区发展和贫困人口脱贫。结束了实施 2000 多年的农业税，并通过各类补贴鼓励农民使用现代科技。取消了对谷物买卖的控制，通过市场刺激农业产量提高。努力改善农村社会服务，为农村学生提供免费义务教育，实施覆盖农村人口的新型农村合作医疗和覆盖城乡贫困人口的最低

生活保障。1986 年成立国务院贫困地区经济领导小组，1993 年更名为国务院扶贫开发工作领导小组，统筹国家扶贫开发事业，并逐步建立"中央统筹、省负总责、市县抓落实"的扶贫开发管理体制。人民对美好生活的向往，就是中国共产党的奋斗目标。而美好生活的最基本要求，就是要摆脱贫困。消除贫困问题不仅是消除贫困人口的经济问题，更是实现人的全面发展，使其过上美好生活。要在做大发展蛋糕的同时分好蛋糕，注重公平公正，让百姓有更多成就感和获得感。

坚持强有力的领导核心，努力补齐社会发展的短板。扶贫开发是一项周期长、投资大、涉及面广的系统工程，经济发展的外溢效应作用有限，单纯依靠市场和社会力量是无法解决贫困问题的。纵观人类历史，经济增长不会自动向弱势群体倾斜，社会救助不会自动提高弱势群体的发展能力。世界上很多地方的减贫实践也表明，制定目标容易，组织力量推进和实现难。在中国，正因为中国共产党对扶贫工作的有力指导、政府的强力推动、中国特色社会主义制度优势提供了坚强保障，减贫工作才取得辉煌的成就。各级党委和政府高度重视扶贫开发工作，把扶贫开发列入重要议事日程，把帮助困难群众特别是革命老区、贫困地区的困难群众脱贫致富列入重要议事日程，摆在更加突出的位置，有计划、有资金、有目标、有措施、有检查，切实把扶贫开发工作抓紧抓实。在宏观层面明确扶贫开发战略，在中观层面科学规划发展路径，在微观层面推动基本公共服务均等化，动员各方面力量形成脱贫合力。建立省对市地、市地对县、县对乡镇、乡镇对村督查问责机制，形成五级书记抓扶贫、全党动员促攻坚的局面。正如联合国粮农组织减贫项目官员安娜·坎波斯所言，中国在减贫领域取得巨大成果是因为中国政府始终把扶贫工作摆在重要位置，并且在扶贫方面有清晰的目标。

注重提升扶贫的内生动力，构建稳定脱贫长效机制。"授人以鱼，不如授人以渔。"扶贫不是慈善救济，而是要激发内生动力，建立内生性可持续的扶贫长效机制。中国坚持扶贫的最终目的是提高贫困人口的自我生存和发展能力，提升贫困地区的可持续发展能力。尊重扶贫对象的主体地位，增强贫困群众的造血能力，引导所有能劳动的人自力更生，就业创业。重视发挥广大基层干部和能人的首创精神，培养、锻炼一批对乡村有感情、懂农村的治理人才，树立"宁愿苦干、不愿苦熬"的观念，积极探索脱贫发展新模式。习近平总书记当年在福建省宁德地区工作期间，对减贫脱贫工作提出"人穷不能志短""弱鸟可望先飞，至贫可能先富"的要求。贫困地区落后有自然、历史的原因，脱贫不仅仅是物质上摆脱贫困，还在于思想和能力上脱贫。20世纪90年代以来，中国积极推行参与式扶贫的理念和方式，让贫困人口直接参与扶贫开发项目与资金使用的决策，促进他们的能力建设，增强其个人的自我积累、自我发展能力。通过社区主导型发展的试点，推进村民自治和基层民主制度建设，使贫困群众进一步焕发自强自立、自我发展的精神。贵州省农科院在贵州农村地区从事科技推广农村扶贫项目开发工作中，坚持赋权扶贫。赋予农民权利，使其在项目实施过程中有项目决策权、实施参与权、管理维护全权、知情监督权以及评估监测权和知情权，让农民自己做主，激发农民自我发展活力。如何建立稳定脱贫长效机制，是全球贫困治理共同面临的问题，中国通过扶贫先扶志，扶贫必扶智，让贫困地区可以自我"造血"，让贫困地区的人民可以获得知识，阻止再度返贫和贫困代际传递。

*构建大扶贫格局，鼓励社会参与和企业参与。*中国的减贫坚持广泛动员，充分撬动市场和社会的力量，形成扶贫开发工作的强大合力。从 2014 年起，中国将每年的 10 月 17 日设立为"扶贫日"，通过各种形式帮助社会各方面了解贫困地区和贫困人口，在全社会营造出普遍参与的舆论氛围。2016 年颁布《中华人民共和国慈善法》，国家鼓励和支持自然人、法人和其他组织依法开展慈善活动。这部慈善领域的基础性和综合性法律，为慈善行为提供了法律规范和保障，树立了全社会对公益扶贫的信心，提高了社会扶贫的公信力。民间组织积极参与扶贫。如共青团中央发起的"希望工程"，全国妇联发起的"春蕾计划""母亲水窖"，中国人口基金会发起的"幸福工程"，中国扶贫基金会发起的"母婴平安 120 项目"等。企业加入扶贫事业中，在实现企业发展的同时带领农民脱贫致富。近年来，

随着物联网、移动互联网等信息技术的普及，原来不为人知的高质量农产品借助电商企业找到了市场。政府牵头搭建农村网络基础设施，推出一系列优惠政策，吸引大型电商企业进军农村电商市场。如中国最大的电商平台阿里巴巴推出"千县万村"计划，目前阿里巴巴农村淘宝已经覆盖全国 30 个省级行政区域，有 1038 个合作县和 3 万多个天猫优品服务站，入驻商家接近 100 万，商品数量超过 5 亿。借助互联网电商平台，农民不仅满足了消费升级的需求，也让农村的土特产卖到全国，用互联网手段解决了县域经济发展新动能的转换。类似的"互联网＋扶贫"企业项目还有京东的"星火燎原"、苏宁的"乡村易购"、邮政的"邮掌柜"等，都实现了不错业绩，实现了企业、农村、农民三方共赢。2018 年，时任世界银行行长金墉率世界银行考察团在贵州贵阳考察了农村电商、养老产业以及大数据发展等情况。借助电子商务，贵州的农民可以将猕猴桃等农产品销售出去，这个曾经是中国最为贫困地区之一的省份，贫困率从 30% 左右降到了如今的 8%。金墉表示，这类做法值得世界其他国家，尤其是发展中国家和最不发达国家学习。

第二节

国际社会高度评价中国减贫成就

中国的减贫成就世界瞩目。仅改革开放40多年来，中国就有7亿多人摆脱贫困。中共十八大以来，中国脱贫攻坚战取得决定性进展，近1亿贫困人口稳定脱贫，在世界上赢得广泛赞誉。在全球仍有7亿多极端贫困人口的情况下，国际社会对中国的减贫经验尤为关注。从全球背景来看，中国减贫的努力对寻求摆脱贫困的新兴市场国家和发展中国家具有巨大价值。

精准扶贫画出更大同心圆。"世界上很多国家都对解决贫困问题一筹莫展，但中国在解决贫困问题上取得的显著成效，在世界上首屈一指，令人赞叹。"比利时联邦议会比中友好小组主席克里斯蒂安维耶纳在接受《人民日报》记者采访时表示，过去几年她多次访问中国，接触到不少摆脱贫困的家庭，留下了深刻的印象。"如果政府不是真下大力气解决贫困问题，是不可能取得这样的成就的。在精准扶贫政策的推动下，贫困家庭不仅很快摆脱了贫困，而且有了可持续发展的路子。中国这种优质高效的减贫之路值得其他国家学习和借鉴。"美国著名

未来学家、畅销书作家约翰奈斯比特表示，减贫意味着让人们获得"工具"，使他们能够积极地创造自己的生活，意味着父母可以把孩子送到更好的学校，提高他们的社会适应能力。他表示："可以把减贫看成是一块投向水中的石头，以小圆圈开始，然后荡出更大的圆圈。从全球背景来看，中国减贫的努力对寻求摆脱贫困的新兴经济体具有巨大价值。"法国著名经济学家米歇尔阿列塔指出，改革开放以来，脱贫一直是中国政府工作的重心之一。改革开放初期，中国在农村推行的家庭联产承包责任制，激发农业生产活力；伴随着工业化和城镇化的发展，越来越多的农村人口进入城市，增加了收入；近年来，中国政府致力于完善社会保障体系建设，提高最低工资水平，倡导更为高效的投资。"中国的扶贫成功经验值得推广学习。"巴基斯坦媒体与交流研究所所长瓦力扎希德接受《人民日报》记者采访时说，中国领导人通过连续性政策和坚决努力推动减贫事业不断发展，尽管没有一种万能的方法，但中国的每一个城镇和村庄都充分利用现有资源和领导力，在有限时间内有针对性地开展精准扶贫。菲律宾时政分析人士、《菲律宾星报》评论员李天荣表示，中国政府在消除贫困方面表现出强大的政治决心与政治毅力，为世界减贫事业作出了重大贡献。中国的减贫成就令世人震撼，必将载入史册。[①]

---

① 《中国减贫之路"优质高效"——国际人士积极评价中国脱贫攻坚成就》，《人民日报》2018 年 2 月 1 日。

体现以民生为导向的执政理念。世界经济论坛 2018 年年会在瑞士小镇达沃斯举行，中国的减贫经验也为与会嘉宾所热议。联合国负责经济和社会事务的副秘书长刘振民表示，中国在落实消除贫困等 2030 年可持续发展目标中处于领先位置。波兰华沙大学国际关系研究所新闻和政治研究系教授加恩·罗文斯基认为，中国的减贫工作体现了执政党以民生为导向的执政理念，反映了执政党对人民负责的态度和强大的执行力。德国中国研究学者、政治学家沃夫拉姆·阿多菲博士强调，中国政府是将减贫事业作为其使命和责任来对待和解决的。中国的减贫经验，为世界提供了借鉴。南非金山大学国际关系学院教授加斯·谢尔顿多次到访中国，他明显地感受到中国的贫困人口在快速减少，中国老百姓的生活水平越来越高。他对《人民日报》记者表示："习近平主席对扶贫工作非常重视，致力于让中国人民脱贫致富，不让一个人掉队，这是非常关键的。"埃及政治分析人士侯赛因·伊斯梅尔表示，中国政府从扶贫开发、构建完善的社会保障体系等多个方面回应人民关切，特别值得指出的是，中国的经济增速虽然放缓，但质量得到改善，老百姓的收入不断提高，生活质量也有了很大改善。哈萨克斯坦自然科学院院士、著名汉学家克拉拉·哈菲佐娃表示，正是因为中国政府在改善民生方面取得了巨大成就，每一个中国人都为自己的国家感到骄傲。世界银行数据显示，1981 年至 2015 年，中国累计减少贫困人口 7.28 亿，这一数字比拉美或欧盟的人口还要多，而同期世界其他地区脱贫人口仅有 1.52 亿。塞内加尔中国问题专家阿达玛·盖伊表示，如果回顾历史看各国的减贫历程，中国是最为成功的。改革开放以来，中国在改善民生的正确方向上不断前进。到 2020 年，中国将实现全面建成小康社会，让所有农村贫困人口摆脱贫穷，这将是一个巨大的功绩。①

中国经验给世界信心和启示。越南媒体对中国的减贫措施和经验非常关注。越南国家电视台曾专门采访中国云南、四川等脱贫民众的"致富经"，称赞中国减贫事业取得巨大成功。越南梦想广告贸易有限公司总经理胡锡忠表示，中国的减贫措施从最初的输血型向造血型、精准帮扶转变，放眼未来、立足长远，非常值得借鉴。阿富汗独立人权委员会主席西玛·萨马尔女士在 2018 年北京人权论坛上表示："阿富汗必须要学习中国的减贫努力和经验，希望我们能为未来的子孙后代留下一个没有贫困的世界，只有我们众志成城、携手合作，齐头并进，才能实现这一目标，不让一个人掉队。"埃塞俄比亚总理首席经济顾问尼瓦伊·吉布里阿布表示，中国减贫的成功经验在于持续快速的经济增长、创造大量就业、经济增长成果为人民所共享。目前，埃塞俄比亚正处于进行"农业导向的工业化发展计划"的第二阶段，着重发展工业，建立了十多座工业园区，

---

① 《中国减贫成就令世界赞叹（海外话两会）——国际社会积极评价中国大力改善民生》，《人民日报》2017 年 3 月 13 日。

大量青年人有了工作，帮助他们的家庭走出贫困。墨西哥专栏作家、中国问题专家阿尔伯特·罗德里格斯指出，中国承诺将实现新的减贫目标，并作出了具体的规划。"每个国家都有其特有的国情和发展道路，中国显然找到了一条适合自己的发展道路，这让中国人民享受到发展成果，也给其他发展中国家带来信心和启示。"南非人权委员会人权专员安德烈·关姆也认为，中国的减贫项目是全世界最成功的减贫项目，"全世界应该向中国来学习，而中国也有很多经验可以和世界分享"。英国上议院议员纳尔·福布斯·戴维逊指出，中国的减贫规模是世界上从来没有过的，不仅仅改变了中国，同时也改变了世界。美国"全球未来"研究所主席、知名未来学家詹姆斯·坎顿博士表示，中国把消灭绝对贫困现象、实现全国繁荣作为目标，本身也是一项成就。美国圣托马斯大学政治学教授乔·泰勒表示，中国在减贫方面取得的卓越成就令他印象最为深刻，这向世界证明了西方模式之外的另一种发展道路的可行性，不仅对中国本身意义重大，也对全世界范围内的脱贫努力产生了深远的影响。哈萨克斯坦自然科学院院士、著名汉学家克拉拉·哈菲佐娃认为，中国的发展模式与经验值得其他国家，特别是发展中国家学习借鉴。当然，中国在快速发展过程中也出现了环境污染、地区发展不平衡、贫富差距拉大等现实问题，但中国共产党敢于直面问题，并采取果断措施积极应对，体现了一个自信、负责任的执政党的风范。新时期，中国政府仍在不断发展和完善国家经济政策，努力解决各类问题。吉尔吉斯斯坦中国问题专家埃季尔·奥斯蒙别托夫说，目前，中亚、南亚、拉美、非洲以及其他地区都亟须大量基础设施。中国在全面推进基础设施建设过程中积累的成功经验，对于那些正在推动落实新经济项目的国家，具有很强的借鉴意义。"中国的经济增长模式已经成为发展中国家效仿的样板和追求的目标。"①

---

① 《中国减贫成就令世界赞叹（海外话两会）——国际社会积极评价中国大力改善民生》，《人民日报》2017年3月13日。

第三节

国际社会通力合作应对减贫问题

　　自从人类社会产生，人类就没有停止过与贫困的斗争。贫困是全世界各国面临的共同问题，消除和缓解贫困是国际社会的共同责任。反贫困是发展经济学中的一项重要内容，早在 20 世纪五六十年代，研究发展经济学的学者便对贫困的现象与原因作出了一定阐述。脱贫攻坚要靠一国政府的全面部署与实施，也需要世界各国通力合作。20 世纪初以来，在联合国主导下，国际社会制定和实施了《千年发展目标》和《2030 年可持续发展议程》，推动 11 亿人口脱贫、19 亿人口获得安全饮用水、35 亿人口用上互联网，还将在 2030 年实现零贫困。虽然全球总体上实现了千年发展目标的减贫目标，但是世界减贫速度和程度并不平衡。撒哈拉以南非洲地区和南亚生活着大量绝对贫困人口。全球贫困现象表现为贫困分化日益严峻、贫困状况恶化、落后地区人口增速较快、绝对贫困和相对贫困并存。

　　解决贫困问题不仅是发展中国家和最不发达国家迫切需要

解决的问题，更是全球经济可持续发展的基础。不仅是保障最脆弱群体的基本生存权的人道援助，更是经济发展、社会公平和全球安全的保障。从经济角度看，受援国贫困减少和经济发展可以促进自身和援助国的经济发展。国家不论大小、强弱、贫富，都应该平等相待，既把自己发展好，也帮助其他国家发展好。大家都好，世界才能更美好。从公平角度看，当前造成饥饿的主要原因并非产量不足，而是一些人无法获得粮食。2019 年 9 月 20 日，微软联合创始人比尔·盖茨在《70 年 70企 70 人》节目中提出："大家经常讨论收入不平等的问题，最大的不平等其实是贫穷国家儿童的死亡率比富裕国家多很多。世界每年仍有 500 万儿童死亡，而且穷国与富国之间的差距非常大。"造成这一现象的主要原因是贫穷国家的儿童缺乏必要的粮食。减贫需要针对最脆弱的群体设计和实施社会保障，让全球生产力提升和经济发展的好处普惠全球人民。从安全角度看，贫困容易引发疾病、恐怖主义、地区冲突等威胁。2014 年召开的"第七届北京人权论坛"强调，极端的贫穷阻碍人民有效地享有人权，也是滋生暴力冲突的主要原因，国际社会要共同打击恐怖主义这一人类的公敌。国际社会必须采取一致行动，遏制恐怖主义的进一步蔓延。

世界对中国的帮助。中国脱贫攻坚取得决定性进展，力度之大、规模之广、影响之深，前所未有，这其中离不开与国际社会的合作。中国政府通过与国际社会开展扶贫合作，学习了其先进的反贫困理念、丰富的反贫困经验和科学的反贫困方法，推动了中国扶贫开发事业的进展。1982 年到 1987 年间，世界银行学院与中国多所大学合作，为数百名官员和专业人员进行了管理技能培训。同时中国政府同国际组织合作共同进行一系列社会综合性、技术援助性质的扶贫开发项目。世界银行从 20 世纪 90 年代开始，在中国以深度贫困地区为目标，开展了若干个大规模、综合性、难度大的项目。项目主要通过建设基础设施、提供小额信贷、劳动力转移就业培训、教育医疗援助、土地与农户开发等综合措施，增加粮食产量和收入，稳定解决贫困人口的温饱问题，促进项目区经济社会的协调发展。联合国开发计划署也在中国开展了一系列扶贫工作，如提供小额信贷以及技术援助，或指导帮助贫困户脱贫，帮助政府制定向贫困户倾斜的政策。中国政府还同国际农业发展基金以及德国、英国、日本政府发展援助机构等合作实施综合性扶贫开发项目。

　　中国对世界的贡献。从解决饥饿、实现温饱，到摆脱贫困、实现共同富裕，中国从学习者到推动者，在帮助比中国贫穷的国家脱贫方面积极发挥作用。习近平总书记曾指出，60 多年来，中国共向 166 个国家和国际组织提供了近 4000 亿元人民币援助，派遣 60 多万援助人员，其中 700 多名中国好儿女为他国发展献出了宝贵生命。中国先后 7 次宣布无条件免除重债穷国和最不发达国家对华到期政府无息贷款债务。中国积极向亚洲、非洲、拉丁美洲和加勒比地区、大洋洲的 69 个国家提

供医疗援助，先后为 120 多个发展中国家落实千年发展目标提供帮助。[①] 消除贫困，自古以来就是人类梦寐以求的理想，是各国人民追求幸福生活的基本权利。如何找到一条适合自身、富有成效的减贫道路，是广大发展中国家面临的重要任务。中国反贫困斗争取得的巨大成就、成功经验，谱写了人类反贫困史上的辉煌篇章，为世界提供了"中国方案"，像一盏明灯给人们以希望。正如非盟委员会主席法基所说，中国发展经验值得整个世界借鉴，特别是对于非洲这样渴望推进经济和社会发展的地区。

一是分享中国经验。减贫经验分享是开展国际减贫合作的重要途径之一。实践证明，各国之间开展的以扶贫为主题的论坛研讨、人员互访、能力建设、政策咨询、合作研究、信息交流等，对推进全球减贫具有不可忽视的作用。中国国务院扶贫办通过搭建平台、组织培训、项目合作、对外援助、智库交流等多种形式，加强与发展中国家在减贫领域的合作交流，分享"中国经验"。 2005 年，中国政府与联合国开发计划署等国际组织联合发起成立国际性发展援助机构——中国国际扶贫中心，以"交流扶贫经验、推进减贫进程、组织应用研究、促进政策优化、加强国际交往、推动国际合作"为根本宗旨，致力于总结、研究、交流并推广全球各国的减贫经验，促进国际社

---

① 习近平：《携手消除贫困　促进共同发展》，《人民日报》2015 年 10 月 17 日。

会在减贫领域的交流与合作，先后举办了"中国扶贫经验国际研修班""亚洲国家扶贫政策与实践官员研修班""非洲国家扶贫政策与实践官员研修班"等多批次班级，采用理论讲解、经验介绍、案例分析、实地考察、参与式讨论等方式，特别是通过对中国陕西、广西、江苏、甘肃、湖北、内蒙古等省区的扶贫开发整村推进、劳动力转移就业培训、扶贫移民搬迁、产业化扶贫、退耕还林还草、小流域综合治理、连片开发减贫等扶贫开发项目的考察，提高了学员的理论水平和政策设计能力。

★ **金句选读**

我们生活的世界充满希望，也充满挑战。中国人民历来富有正义感和同情心，历来把自己的前途命运同各国人民的前途命运紧密联系在一起，始终密切关注和无私帮助仍然生活在战火、动荡、饥饿、贫困中的有关国家的人民，始终愿意尽最大努力为人类和平与发展作出贡献。中国人民这个愿望是真诚的，中国决不会以牺牲别国利益为代价来发展自己，中国发展不对任何国家构成威胁，中国永远不称霸、永远不搞扩张。只有那些习惯于威胁他人的人，才会把所有人都看成是威胁。对中国人民为人类和平与发展作贡献的真诚愿望和实际行动，任何人都不应该误读，更不应该曲解。人间自有公道在！

——习近平：《在第十三届全国人民代表大会第一次会议上的讲话》（2018 年 3 月 20 日），人民出版社单行本，第11—12 页

2019 年，"中国与世界"对话项目以"全球可持续发展——反贫困"为主题，邀请国内外学者、国务院扶贫办官员和集中连片特困地区的县委书记展开对话，交流思想，碰撞智慧，为减贫工作提供智力支持。中央党校（国家行政学院）作为党和国家的重要培训机构和智库，也开展了一系列针对减贫的国际交流项目。2014 年至今，中共中央党校（国家行政学院）还借助"讲好中国故事主题沙龙"平台，集聚中外专家资源，采取主题讲述、嘉宾点评、听众提问等方式，向来自世界各大洲的听众和国外驻华外交官宣介中国，其中多期沙龙涉及中国的减贫理论和实践，探讨如何攻克贫困等世界性难题。

二是中国政府提供资金和技术等减贫援助。中国在致力于自身消除贫困的同时，始终积极开展南南合作，力所能及地向其他发展中国家提供不附加任何政治条件的援助，支持和帮助广大发展中国家特别是最不发达国家消除贫困。重点支持其他发展中国家促进农业发展，提高教育水平，改善医疗服务，建设社会公益设施，并在其他国家遭遇重大灾害时及时提供人道主义援助。在医疗卫生方面，中国对发展中国家开展医疗卫生项目援助。例如中国扶贫基金会和澳门乐善行 2007 年 5 月联合启动了"非洲地区贫困母婴援助计划"，通过援建医院、捐赠医疗设备、派遣医疗队和培训当地医务人员等方式提高非洲地区贫困母婴的保障水平。在农业科技方面，中国向发展中国家派遣农业专家和农业技术组，在农业技术推广，农产品加工、销售及流通等领域开展培训，并且就粮食安全、农村发展与减贫、南南农业合作等宏观政策制定层面提供建议。在能力建设方面，中国在发展中国家建立减贫示范基地。由中国国际扶贫中心与坦桑尼亚政府计划委员会合作在坦桑尼亚莫罗戈罗省基罗萨县佩雅佩雅村组织实施的农村社区发展示范项目，是中国国际扶贫中心在非洲建立的第一个村级示范项目。项目内容包括能力建设、技术培训、农业示范、小型加工和微型灌溉、村级基础设施建设等，旨在通过农业和农村发展实现减贫，为坦桑尼亚乃至非洲提供学习中国减贫经验的实践案例和实地交流平台。

后　记

　　新中国成立后，特别是改革开放 40 多年来，中国立足自身国情，走出了一条中国特色扶贫开发道路。中共十八大以来，以习近平同志为核心的党中央从全面建成小康社会全局出发，把扶贫开发工作摆在治国理政的突出位置，全面打响脱贫攻坚战。中共十九大之后，中共中央又把打好脱贫攻坚战作为全面建成小康社会的三大攻坚战之一。在统筹防控疫情和经济社会发展工作中，习近平总书记多次强调要打好脱贫攻坚战，向历史和人民交出合格的答卷。这些年来，脱贫攻坚力度之大、规模之广、影响之深前所未有，脱贫攻坚工作取得了决定性进展，谱写了人类反贫困历史新篇章，为世界减贫作出了巨大贡献，也向致力于解决贫困问题的地区和人民提供了"中国经验"和"中国智慧"。

　　2020 年是中国现行标准下农村贫困人口全部脱贫、全面建成小康社会的收官之年。应湖南人民出版社邀约，我们编写了这本书，意在进一步总结提炼中国脱贫攻坚的理论与实践，向国内外积极推介中国大规模减贫的经验，也为世界减贫工作贡献我们的一分力量。

在研究和写作过程中，中共中央党校（国家行政学院）有关专家学者给予大力支持和作出积极贡献。湖南人民出版社黎晓慧、龙妍洁妮同志为本书的顺利出版付出了心血和辛劳，一并表示衷心感谢。本书在写作过程中，参考了有关领导讲话、中央文件和书刊资料，也参考了部分专家学者的研究成果和重要观点，这对我们完成本书起了非常重要的作用。但限于作者水平，还有很多不足之处，敬请广大读者批评指正。

著　者

2020 年 2 月

图书在版编目（CIP）数据

中国减贫的世界贡献 / 张占斌，杜庆昊著. —长沙：湖南人民出版社，2020.8

ISBN 978-7-5561-2520-3

Ⅰ. ①中… Ⅱ. ①张… ②杜… Ⅲ. ①扶贫—研究—中国 Ⅳ. ①F126

中国版本图书馆CIP数据核字（2020）第136091号

ZHONGGUO JIANPIN DE SHIJIE GONGXIAN

中国减贫的世界贡献

著　　者	张占斌　杜庆昊
责任编辑	黎晓慧　龙妍洁妮
装帧设计	杨发凯
责任校对	夏文欢

出版发行	湖南人民出版社［http://www.hnppp.com］
地　　址	长沙市营盘东路3号
邮　　编	410005
经　　销	湖南省新华书店

印　　刷	长沙新湘诚印刷有限公司
版　　次	2020年8月第1版
	2020年8月第1次印刷
开　　本	710 mm × 1000 mm　　1/16
印　　张	15.25
字　　数	160千字
书　　号	ISBN 978-7-5561-2520-3
定　　价	62.00元

营销电话：0731-82221529　　（如发现印装质量问题请与出版社调换）